KRÄUTER

blv garten **plus**

Marie-Luise Kreuter

KRÄUTER

Die besten Arten und Sorten
Naturgemäß anbauen • Ernten • Genießen

blv

Inhalt

Uralte Kräuter-Tradition

Jahrtausende lang waren die Kräuter sowohl in der Ernährung als auch in der Medizin hoch geschätzt. Erst im 20. Jahrhundert gerieten diese Schätze der Natur ins Abseits. Heute entdecken wir sie wieder neu – für den Garten, für die Küche und für die Hausapotheke.

Der lange Weg der Kräuterkunde

Die Spur der grünen Kräuter reicht bis in graue Vorzeiten zurück. Wild wachsende Heilpflanzen und würzige Blätter, Wurzeln oder Samen, die den Speisezettel bereicherten, waren schon den Menschen der Steinzeit bekannt. Sie lebten wohl – ähnlich wie Indianer oder wie Naturvölker der Südsee – auf sehr vertrautem Fuß mit der Natur. Genaue Beobachtung und die gesammelten Erfahrungen vieler Generationen vermittelten ihnen ein verlässliches Wissen über die Pflanzen ihrer Umwelt. In Pfahlbauten der Jungsteinzeit fand man bei Ausgrabungen Samenkörner von Mohn, Angelika und Kümmel. Aber dies ist sicherlich nur ein

kleiner Ausschnitt aus einem umfangreicheren Kräuterschatz. Grüne Blätter sind ja vergänglich und hinterlassen keine archäologischen Spuren! Genauere Nachrichten aus der Geschichte der Kräuter erreichen uns erst aus den alten Hochkulturen mit ihren schriftlichen Zeugnissen. Schon Jahrtausende vor der Zeitenwende trugen Chinesen und Sumerer ihr Wissen von den heilsamen Eigenschaften der Kräuter zusammen und schrieben es für die Nachwelt auf. In Indien, Ägypten und Babylonien wurden ebenfalls Arzneipflanzen gesammelt und kultiviert. Einige davon begegnen uns noch heute im Garten und in der Küche: zum Beispiel Thymian, Kümmel, Lorbeer, Dill und Fenchel.

Das reiche Wissen der Antike

Die Grundlagen für unsere mitteleuropäischen Kräutergärten aber wurden in der griechischen

Der Fenchel gehört zu den ältesten Heil- und Gewürzpflanzen, die wir kennen. Er wurde schon vor Jahrtausenden in den frühen Hochkulturen genutzt.

und römischen Antike gelegt. Berühmte Ärzte und Botaniker erforschten damals die Heilpflanzen ihrer Heimat. Aus eigener Anschauung und Erfahrung schrieben sie ihre später weltberühmten Werke. Hippokrates, Theophrastus, Galenus und Dioskurides beeinflussten bis zum Beginn der Neuzeit die Medizin und die Pflanzenheilkunde des Abendlandes. Die Kräuterkenntnisse aus dem alten Rom überlieferten uns Plinius der Ältere und Columnella. Die Praxis des Kräutergartens aber stammt von Benediktiner-Mönchen, die

◄ In den Bauerngärten früherer Zeiten nahmen die Kräuter einen wichtigen Platz ein zwischen Blumen und Gemüse.

über die Alpen wanderten, um Germanen und Franken zu bekehren. In ihrem Reisegepäck lagen neben der Bibel auch die Samen wichtiger Heil- und Würzpflanzen, die in den Ländern rings um das Mittelmeer heimisch waren. So gelangten Salbei, Knoblauch, Thymian, Rosmarin, Weinraute und viele andere wertvolle Kräuter in die Klostergärten des Mittelalters.

Vom Kaiser zu den Kräutervätern

Kaiser Karl der Große trug ebenfalls zur Verbreitung der würzigen Pflanzen bei, die Küchen und Hausapotheken bereicherten. In seinem berühmten Capitulare de villis, einer Verordnung für die kaiserlichen Landgüter, ließ er im Jahre 812 n. Chr. genau beschreiben, welche Kräuter im Garten angebaut werden sollten.

Dabei kam eine stattliche Liste zusammen, die unter anderem folgende Pflanzen enthielt: Salbei, Muskatellersalbei, Raute, Eberraute, Rosmarin, Kümmel, Anis, Kresse, Petersilie, Sellerie, Liebstöckel, Dill, Fenchel, Senf, Bohnenkraut, Krauseminze, Bachminze, Wilde Minze, Schnittlauch, Zwiebeln, Knoblauch, Koriander und Kerbel. Eine solche Fülle kann heute nur noch selten ein Kräutergarten bieten. Aus den von Mauern geschützten Kloster- und Burggärten wanderten die Kräuter im Laufe der Jahrhunderte langsam in die Bauerngärten. Als im ausgehenden Mittelalter die Buchdruckerkunst erfunden wurde, gelangte die Kunde von den Heilpflanzen zusammen mit zahlreichen Rezepten auch unter das »gemeine Volk«. In den Büchern der berühmten »Kräuterväter« Otho Brunfels, Leonhard Fuchs, Hieronymus Bock, Petrus Andreas Matthiolus und Jacobus Theodorus Tabernaemontanus konnte jeder, der schreiben gelernt hatte, nachlesen, wie die geheimnisvollen Kräuter beschaffen waren und wie sie wirkten. Das überlieferte Wissen der Antike und des Mittelalters wurde in diesen um-

In der Klosteranlage von Michaelstein im Harz wurde nach mittelalterlichen Vorbildern ein Kräutergarten angelegt. Zahlreiche Kräuter, die damals zu den gehüteten Kostbarkeiten aus südlichen Ländern gehörten, gedeihen in den Kastenbeeten: Lavendel, Salbei, Eberraute, Balsamkraut, Ysop und viele andere.

fangreichen Büchern gesammelt und in deutscher Sprache verständlich dargestellt. Noch heute bedeuten diese Werke eine Fundgrube für jeden, der sich die Mühe macht, die dicken Folianten zu wälzen. Als Faksimile-Drucke sind sie jedem Kräuterliebhaber wieder zugänglich.

Überlieferte Erfahrung

Mündlich und schriftlich wurden die Erfahrungen mit Heilpflanzen und Gewürzen in einer ununterbrochenen Kette bis zum Beginn des 20. Jahrhunderts weitergegeben. Manchmal rankten sich uralte Geschichten und magische Bräuche um besonders beliebte »heilige Kräuter«. Aber die Menschen blieben dennoch im alltäglichen Umgang mit diesen außergewöhnlichen Gewächsen vertraut. Ihr Nutzen auf vielen Gebieten des Lebens überwog gelegentlichen Missbrauch.
Erst im Zeitalter der Industrie und der Technik brach die lebendige Überlieferung ab, die die Erfahrungen bisher von einer Generation zur anderen weitergegeben hatte. Viele Rezepte gerieten in Vergessenheit.

Das Vorbild klassischer Klostergartenanlagen wurde später in den Bauerngärten übernommen. Heute ist diese symmetrische Aufteilung wieder sehr beliebt. Kräuter, Gemüse und Blumen gedeihen hier wohl geordnet und übersichtlich miteinander. Der strenge Rahmen wird durch farbenfrohe Fülle gemildert.

Vergessen und verspottet

Rund 50 Jahre lang – etwa von den zwanziger bis zu den siebziger Jahren – glaubte man auf etwas so »Primitives« wie die einfachen Kräuter am Wegrand verzichten zu können. Die Chemie eroberte mit rasch wirkenden Pillen und Spritzen die Medizin. Die wichtigsten Heilmittel stammten nicht mehr aus der Natur, sondern aus den Retorten der Fabriken.
Auch aus den Küchen verschwanden viele Naturprodukte, darunter auch die abwechslungsrei-

che Vielfalt der Kräuter. Statt mit Rote-Bete-Saft färbte man Speisen mit künstlichem Farbstoff; echte Vanillestangen wurden durch »handlichen«, aber synthetisch hergestellten Vanillezucker ersetzt. Die Kochkunst verarmte, während Konserven und Fertiggerichte das Leben angeblich erleichterten. Selbstgemachtes geriet in den Geruch des Hinterwäldlerischen. Moderne Menschen hatten es nicht mehr nötig, ihre Kohlköpfe mühsam selber heranzuziehen. Dass ihnen bei der Umwandlung ihrer

Eine fantasievolle Kräuter-Köchin versorgt ihre Familie ständig mit natürlicher, grüner Arznei. Majoran am Braten bedeutet eine Wohltat für den Magen und den Darmbereich; Melisse im Salat beruhigt gleichzeitig ein wenig die aufgeregten Nerven.

Nutzgärten in dekorative Oasen auch die bescheidenen Kräuter abhanden kamen, merkten die meisten überhaupt nicht.

Teuer erkaufter Fortschritt

Die Erkenntnis, dass der Fortschritt auch gefährliche Verluste an natürlicher Lebensqualität mit sich brachte, verbreitete sich erst in den siebziger Jahren wieder. Viele Menschen besannen sich darauf, dass die Natur nicht ungestraft vernachlässigt werden darf. Millionen waren inzwischen an übermäßigen Pillenkonsum gewöhnt und mussten dies oft mit unangenehmen Nebenwirkungen bezahlen. In käuflichen Nahrungsmitteln wurden immer häufiger

schädliche Stoffe entdeckt. Die Rückbesinnung auf einfachere und gesündere Lebensformen begann. In dieser beängstigenden Situation, in der der Moloch Fortschritt bereits dunkle Schatten auf alle Bereiche des privaten Lebens warf, entdeckten die Menschen auch die Vorteile der einfachen Kräuter wieder.

Die Renaissance von Duft und Würze

Als wirksame Medizin bei zahlreichen Alltagsbeschwerden helfen Heilpflanzen ebenso zuverlässig wie vor tausend Jahren. Sie verursachen keine schädlichen Nebenwirkungen. Allerdings darf man auch nicht leichtfertig mit dieser Naturarznei umgehen. Bei ernsthaften Krankheiten ist der Besuch beim Arzt unerlässlich. Und vor allem: Ehe man Heilkräuter benutzt, muss man sie zuerst einmal genau kennen lernen. Wer aber kann heute noch – wie früher – seine Großmutter nach Kamillenrezepten fragen? So müssen Bücher und Vorträge die Lücke zwischen den Generationen füllen und das Wissen von den heilsamen Kräutern erneut »unter die Leute« tragen. Dabei können neben den alten Erfahrungen auch neuste wis-

Vorgezogene Kräuter werden heute in reicher Auswahl angeboten. Sie können nach Herzenslust in Duft und Würze schwelgen und die herrlichsten Spezialitäten in Ihren Garten holen.

Frische Kräuter aus dem Garten verwandeln Ihre Küche in ein Paradies
für Genießer. Köstliche Würze und gesunde Ernährung lassen sich so
mühelos miteinander verbinden.

Erfahrungen aus alten Bauerngärten zurück. Ich hoffe, dass auch Sie sich durch dieses Buch dazu verlocken und anleiten lassen, wieder möglichst viele Kräuter im eigenen Garten anzupflanzen. Sie werden dabei nicht nur den bezaubernden Duft aus alten Zeiten neu entdecken. Kräuter können Ihnen gesunde Freuden in vielen Lebensbereichen schenken.

senschaftliche Erkenntnisse weitergegeben werden: Durch chemische Analysen wurden zahlreiche Wirkstoffe der Kräuter isoliert und näher bestimmt. In den meisten Fällen konnten dabei medizinisch wirksame Substanzen festgestellt werden; die seit langem wohltuenden Eigenschaften der Kräuter wurden dadurch nachträglich bestätigt. Auch in der Küche sind Würzkräuter wieder gefragt. Mancher kam während einer Ferienreise auf den Geschmack und brachte aus Italien oder Spanien das Rezept für ein duftendes Rosmarin-Hähnchen oder für Tomatensalat mit Basilikum mit. Der Wunsch nach einer großen Auswahl frischer Kräuter ist in-

zwischen weit verbreitet. Sogar die Supermärkte bieten schon würzige Besonderheiten, wie Estragon, Zitronenmelisse und Liebstöckel, an. Das beste und intensivste Aroma haben aber immer noch diejenigen Kräuter, die Sie im eigenen Garten oder auf der Fensterbank ganz frisch pflücken und verarbeiten. Dabei kommen nicht nur die Feinschmecker auf ihre Kosten. Jedes Gewürzkraut ist gleichzeitig auch ein Heilkraut.
Zur Wiederentdeckung der Kräuter haben sicherlich auch die zahlreichen Bio-Gärtner beigetragen, die die heilsamen Duftpflanzen sehr bewusst in ihre Gartenplanung einbeziehen. Oft greifen sie dabei auf

auf einen blick

- Kräuter wurden schon in der Steinzeit und in den früheren Hochkulturen benutzt.
- Die Römer brachten das antike Kräuterwissen über die Alpen.
- In den Klostergärten des Mittelalters pflanzten Nonnen und Mönche zahlreiche Heilkräuter an. Die überlieferte Kräutermedizin wurde nach der Erfindung der Buchdruckerkunst in umfangreichen Folianten gesammelt.
- Das Wissen über die Kräuter wanderte von den Klöstern in die Bauerngärten und in die Volksheilkunde.
- Im 20. Jahrhundert fielen die altehrwürdigen Kräuter dem »Fortschritt« zum Opfer. Gegen Ende des Jahrtausends wurden sie wieder entdeckt und erleben heute eine neue Wertschätzung.

Für Kräuter ist überall Platz

In jedem Garten findet sich noch ein Plätzchen für eine kleine Kräuterauswahl. Es darf nur keine Zufallsecke sein. Denn die würzigen Pflanzen brauchen gute Lebensbedingungen, um ihre wertvollen Inhaltsstoffe zu entwickeln. Wenn sie am richtigen Platz stehen, bereitet ihre Pflege aber keine Schwierigkeiten.

Südländische Kräuter wie diese farbigen Salbeisorten im Vordergrund und die *Agastache* dahinter brauchen einen warmen, sonnigen Platz.

Die Wahl des besten Standortes

Die meisten unserer Gewürzkräuter stammen ebenso wie manche Heilpflanzen aus den warmen Ländern rings um das Mittelmeer. Obgleich sie sich bereits seit Jahrtausenden an unser raueres Klima gewöhnt haben, können sie auf zwei Dinge nicht verzichten: auf Licht und Wärme. Suchen Sie deshalb stets den sonnigsten Platz im Garten oder am Haus für Ihre Kräuter aus. Der Standort sollte möglichst geschützt sein. Vor einer hellen Südwand herrschen zum Beispiel ideale »heimatliche« Verhältnisse.

◄ Ein Spaziergang durch diesen kleinen, aber reichhaltigen Kräutergarten ist ein Genuss für alle Sinne.

Sonne und Steine für Südländer

Leichter, humoser Boden mit gutem Wasserabfluss bietet eine gesunde Grundlage für die Mittelmeerpflanzen, die in den Ursprungsländern oft an trockenen Felsenhängen oder in steppenartigen Landschaften gedeihen. Eine sonnenwarme Trockenmauer ahmt diese heimatlichen Verhältnisse einfühlsam nach. Zu viele Nährstoffe und zu viel Wasser schaden den meisten Kräutern. Zu den Südländern, die sich unter sonnigen, ein wenig asketisch-steinigen Lebensbedingungen wohl fühlen, gehören zum Beispiel: Rosmarin, Lavendel, Thymian, Oregano, Weinraute, Salbei, Ysop, Eberraute und Bergbohnenkraut. Majoran, Melisse, Koriander und Fenchel lieben humosen, aber sehr durchlässigen Boden.

Heimische Kräuter lieben es feuchter

In unseren Kräutergärten gedeihen aber auch Gewächse, die in Mitteleuropa heimisch sind. Einige wachsen noch heute in ihrer Wildform auf Wiesen, am Bachufer oder am Wegrand. Diese Pflanzen lieben zum Teil etwas feuchtere, nährstoffreichere Bedingungen, so wie sie es an ihren natürlichen Standorten gewöhnt sind. Sie vertragen auch leichten Schatten. Zu den Kräutern, die von heimischen Wildpflanzen abstammen, gehören zum Beispiel Sauerampfer, Löffelkraut, Winterkresse,

Kräuterbeete, die von niedrigen Buchsbaumhecken eingefasst sind, spiegeln den nostalgischen Zauber alter Zeiten.

Beete, zwischen denen schmale Wege hindurchführen. Niedrige Buchsbaumhecken können als grüne Grenze das Reich der Kräuter vom restlichen Garten abschirmen. So ähnlich – streng und klar – waren die Kräutergärten in alten Kloster- oder Schlossanlagen gestaltet.

Die Aufteilung in einzelne Beete bietet ein reizvolles Bild von altmodischem Zauber; sie ist aber zugleich sehr praktisch. Sie können die verschiedenen Kräuter übersichtlich anordnen und nach ihren unterschiedlichen Gewohnheiten pflegen. Die Wege erleichtern Ihnen das Pflanzen, Säen, Jäten und Gießen. Auch bei der Ernte können Sie alle Pflanzen gut erreichen.

Kleiner Wiesenknopf (Pimpinelle), Pfefferminze, Schnittlauch, Schnittsellerie, Kümmel und die stattliche Engelwurz. Auch Wermut und Beifuß sind in unseren Breiten zu Hause. Diese Stauden fühlen sich aber an trockeneren sonnigen Standorten wohler.

Ungeeignet für alle Kräuter sind Gartenplätze im tiefen Schatten, zum Beispiel unter Bäumen. Zugige Ecken sind ebenso ungünstig wie schlechte Durchlüftung durch zu enge Nachbarschaft. Schwere Böden und Staunässe vertragen Kräuter überhaupt nicht. Solche Standorte sollten Sie entweder ganz meiden oder aber grundlegend durch Drainage und Bodenlockerung verbessern. Die besten Erfolge werden Sie immer dann erreichen, wenn Sie die Kräuter ihrer Natur gemäß behandeln.

Ein nostalgisches Kräutergärtchen

Gestalt und Größe eines Kräutergartens sind von keiner Norm abhängig. Sie richten sich ganz nach dem Umfang des Grundstücks und nach den Wünschen des Gärtners. Ideal ist es natürlich, wenn Sie innerhalb Ihres Gemüse-, Obst- oder Ziergartens einen richtigen, abgegrenzten Kräutergarten anlegen können. Unterteilen Sie diesen Bereich in mehrere kleine

Sehr natürlich wirkt die Kombination von Kräutern und Ziegelsteinen, die als schmale Wege die Beete unterteilen.

Wege aus natürlichem Material

Als Material für Wege oder schmale Pfade eignen sich Ziegelsteine, Natursteinplatten oder Pflastersteine. Holzpflaster oder eine dicke Rindenmulchschicht passen sich dem Charakter eines naturgemäßen Kräutergartens besonders gut an. Kiesbestreute Wege erinnern an alte Bauerngärten. Sie wirken stimmungsvoll, bereiten aber mehr Arbeit, weil sie oft glatt geharkt und manchmal auch von Unkraut gesäubert werden müssen.

Weder die Wege noch die Beete eines Kräutergartens müssen unbedingt geradlinig angelegt werden. Sanft geschwungene Pfade und abgerundete oder ornamentale Beetformen können sehr reizvoll wirken. Die Gestaltung bleibt ganz dem Temperament und dem Gefühl des Kräutergärtners überlassen. Die Abbildungen in diesem Kapitel sollen Ihnen nur als Anregung dienen, um die eigene Fantasie zu beflügeln.

Blütenreiche Kräuterrabatte

Wenn Sie nicht genug Platz für einen in sich geschlossenen Kräutergarten haben, dann können Sie auch am Rande des Gemüsegartens einen schmalen Streifen für Würzpflanzen reservieren. Schon ein Beet von 1 m Breite und 3–5 m Länge bietet genügend Raum für eine interessante Auswahl. Sie können dort eine bunte Mischung aus duftenden Würzpflanzen ansiedeln, die gleichzeitig einen hübschen Anblick bieten. So entsteht eine Rabatte aus ebenso nützlichen wie schönen Gewächsen, die den Gemüsegarten an einer Seite begrenzt.

Das »Gerüst« der Pflanzung sollte aus dauerhaften Staudenkräutern bestehen, die sich über längere Zeit an ihrem Standort ausbreiten können. Dazu eignen sich zum Beispiel Salbei, Lavendel, Oregano, Thymian, Eberraute, Ysop, Estragon, Weinraute, Zitronenmelisse, Liebstöckel, Indianernessel und Balsamkraut. Der herbduftende Salbei entwickelt sich zu kniehohen holzigen Sträuchern mit graugrünen schmalen Blättern und violett-blauen Blüten. Der Ziersalbei mit seinen leuchtend blauen Blütenkerzen hat dagegen für die Gewürz-Rabatte keinen »essbaren« Wert. Sie können ihn höchstens als entfernten Verwandten und farbigen Blickpunkt einfügen.

Wie farbenfroh sich Kräuter in ein Beet einordnen, zeigt dieser Ausschnitt mit blühendem Oregano und Ysop.

Farben und anmutige Blüten bringen auch Lavendel, Ysop, Oregano und Indianernessel in Ihre Rabatte. Mit besonders dekorativen Blattformen tragen Weinraute und Eberraute zur Schönheit der Anlage bei. Den Rand des Beetes können Sie mit niedrigen Polstern aus Thy-

Vom Gewürz- und Heilsalbei *(Salvia officinalis)* gibt es sehr reizvolle, buntblättrige Varianten. Mit gelb-grünen, rosa-weiß-grünen oder violett-grünen Farbkombinationen bringen Sie aparte Kontraste ins Kräuterbeet.

Das Rondell aus blühendem Lavendel zeigt, wie gut sich der kleine Duftstrauch zu niedrigen Hecken schneiden lässt.

Ein außergewöhnliches Beispiel: Diese Kräuterbeete sind mit einer Einfassung aus Weinraute umgrenzt.

mian oder Schnittlauch einfassen. Zwischen den ausdauernden Stauden bleibt an einigen Stellen genügend Platz frei, um noch kleine Portionen einjähriger Kräuter auszusäen. Ganz nach eigenem Geschmack können Sie dort Majoran, Bohnenkraut, Basilikum und Kerbel einfügen. Diese Rabatte gewinnt einen besonderen Reiz durch die starken, sehr verschiedenartigen Wohlgerüche, die von ihr ausströmen. Die Pflanzenauswahl ist ganz auf würzige Düfte abgestimmt.

Duftende Kräuterhecken

Einige strauchartig wachsende Kräuter eignen sich auch als Heckenpflanzen. Sie vertragen einen Rückschnitt mit der Schere und bilden dann dichte, niedrige Einfassungen, ähnlich wie die Buchsbaumhecken im Bauerngarten. Sie können mit solchen Pflanzen Beete oder Wege einfassen. Herrliche Düfte werden Sie dann auf Schritt und Tritt im Sommergarten begleiten; und ganz nebenbei können Sie auch Gewürzblättchen für die Küche oder Teesträußchen zum Trocknen ernten.
Folgende Pflanzen eignen sich für niedrige Duft-Hecken: Lavendel, Eberraute, Heiligenkraut *(Santolina chamaecyparissus)* und niedrige Wermut-Arten. Die nähere Beschreibung von Lavendel, Eberraute und Wermut finden Sie im zweiten Teil dieses Buches. Das Heiligenkraut ist keine Pflanze zum Aufessen, bil-

Schneiden Sie Ihre Kräuterhecken im Frühling zurück, kurz bevor der neue Austrieb beginnt. Achten Sie auf eine gute Form. Ein radikaler Rückschnitt ins alte Holz ist weder nötig noch empfehlenswert. Es besteht dann die Gefahr, dass die Resttriebe vertrocknen und nicht mehr ausschlagen. Lavendel kann auch direkt nach der Blüte leicht zurückgeschnitten werden.

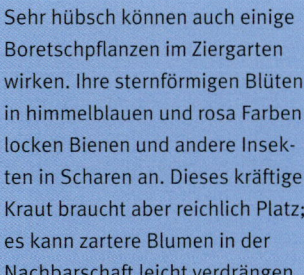

det aber eine wohlriechende Ergänzung des Kräutergartens. Seine silbergrauen, duftenden Blätter passen gut zur Gesellschaft der Gewürzpflanzen, die ja überwiegend grün-grau-silbern getönt sind.

Kräuter zwischen Stauden und Sommerblumen

Zahlreiche Gewürz- und Teekräuter sehen sehr apart und dekorativ aus. Ihre oft ornamental geformten Blätter und farbigen Blüten machen sie zu Schmuckstücken, die sich auch im Ziergarten sehen lassen können. Wenn Sie also nur einen kleinen Garten mit ein paar Sträuchern, Rosen und Sommerblumen hinter Ihrem Haus besitzen, brauchen Sie auf Kräuter dennoch nicht zu verzichten. »Schmuggeln« Sie sie einfach zwischen die Zierpflanzen. So lässt sich das Angenehme mit dem Nützlichen verbinden.
In ein Staudenbeet passen zum Beispiel im vorderen Bereich zwischen Margeriten, Gemswurz, Glockenblumen und Schafgarben auch Salbei, Lavendel, Oregano, Weinraute, Ysop und Balsamkraut. Zu den

mittleren und hohen Stauden im Hintergrund können sich Alant, Indianernessel, Teefenchel, Engelwurz und Liebstöckel gesellen. Am Rand des Beetes bilden Thymian oder Tripmadam hübsche Polster. Selbst Schnittlauchstauden wirken zur Blütezeit wie heitere Blumensträuße. Sogar ein Büschel sattgrüne Petersilie oder ein Eckchen blühendes Bohnenkraut lassen sich mit etwas Geschick zwischen Sommerstauden einordnen.

Blüten und Würze aus der Samentüte

Auch ein- und zweijährige Sommerblumen können Sie mit Kräutern kombinieren, ohne dass diese als Fremdkörper wirken. Hier ist die Grenze zwischen Nutz- und Zierpflanzen sehr fließend. Ringelblumen, Kapuzinerkresse, Königskerzen und Malven gehören sowohl zu den vertrauten Sommerschönheiten des Blumengartens als auch zu den uralten Heilpflanzen.
Portulak, zartgefiederter Koriander, Löffelkraut und Winterportulak können Sie ebenso unter die Sommerblumen mischen wie ein wenig Majoran, Kresse und Kerbel.

Sehr hübsch können auch einige Boretschpflanzen im Ziergarten wirken. Ihre sternförmigen Blüten in himmelblauen und rosa Farben locken Bienen und andere Insekten in Scharen an. Dieses kräftige Kraut braucht aber reichlich Platz; es kann zartere Blumen in der Nachbarschaft leicht verdrängen.

Stauden, einjährige Sommerblumen und Kräuter gedeihen fröhlich auf einem Beet. Hier bilden hohe Fenchelstauden, Indianernesseln, Ringelblumen, Mutterkraut und Borretsch eine bunte, bäuerliche Gemeinschaft.

Bunte Bauerngarten-Mischung: Kräuter, Gemüse und Blumen

In den bunten Bauerngärten der Jahrhundertwende kannte man die strenge Trennung zwischen Nutz- und Ziergarten nicht. In heiterer Gesellschaft gediehen hier Kräuter, Blumen und Salatköpfe nebeneinander. Meist bildeten Küchen- und Heilpflanzen zusammen mit Stauden und Sommerblumen eine bunte Rabatte rings um die Gemüsebeete. Hier wuchsen neben Salbei, Bohnenkraut, Wermut, Fenchel, Melisse, Petersilie, Dill und Gurkenkraut die anmutigen Blumen, die seit Jahrhunderten im Bauerngarten zu Hause waren:

Im Mittelalter waren auch duftende Rosen ein wichtiger Bestandteil des Kräutergartens. Blüten und Früchte wurden für die Hausapotheke geerntet. Die nostalgische Kombination von alten Rosen und Lavendel entfaltet auch heute in Ihrem Würz- und Duftgarten eine zauberhafte Stimmung.

Oregano, Lavendel, Thymian und Salbei gedeihen wie alle Kräuter aus dem Mittelmeerraum gut auf Steinmäuerchen.

Ringelblumen, Madonnenlilien, Goldlack, Schwertlilien, Pfingstrosen, Akeleien, Margeriten, Tränendes Herz, Veilchen und Maßliebchen. Auch diese stimmungsvolle Mischung aus vergangenen Zeiten können Sie sich als Vorbild für ein kleines buntes Kräutergärtchen wählen.

Der Steingarten – ein Paradies für Mittelmeer-Kräuter

Schließlich gedeiht auch in einem Steingarten eine ganze Reihe würziger Gewächse. Vor allem die Kräuter aus den Mittelmeerländern lieben solche Standorte. Die Gebirgspflanzen des Steingartens benötigen ja genau wie sie eine sonnige Lage, mageren Boden und guten Wasserabzug. Hier können Sie Lavendel, Thymian, Quendel, Ysop, Salbei, Eberraute, Weinraute, Oregano, Römische Kamille, Katzenminze, Bergbohnenkraut und Tripmadam pflanzen. Über Sommer fühlt sich an einem sonnigen Steingartenhang auch Rosmarin wohl, wenn Sie einen Topf in die Erde versenken. Er ist aber nicht winterhart.

Mobiler Kräutergarten auf der Terrasse

Hausfrauen und Hobbyköche finden es praktisch, wenn sie frische Kräuter nahe bei der Küche stets griffbereit haben. Diese Lösung bietet sich auch an, wenn das Grundstück sehr klein ist. Vor einer warmen, geschützten Südwand, am besten auf der Terrasse, können Sie einen mobilen Kräutergarten in Töpfen, Kübeln und Kästen anlegen. Eine sonnige Süd-West-Ecke eignet sich ebenfalls. Die Ostseite ist im Winter zu kalt und erhält zu wenig Sonne; der schattige, kalte Norden ist für Kräuter ganz ungeeignet. Je größer die Gefäße sind, desto bessere Lebensmöglichkeiten bieten sie den Pflanzen. Die Wurzeln können sich ausdehnen, Wasser und Nährstoffe sind nicht so schnell verbraucht. Sehr hohe Töpfe oder Kübel brauchen Sie aber nur für Pflanzen mit tief reichenden Wurzeln. Im Allgemeinen sind geräumige Pflanzschalen, mittlere Tontöpfe und breite Blumenkästen ausreichend.

Wenn Ihr kleiner Küchengarten nicht nur praktisch, sondern auch hübsch wirken soll, dann kombinieren Sie am besten dekorative Terrakottagefäße, rustikale Steinguttöpfe und Holzkästen miteinander. Die Zusammenstellung einer solchen mobilen Kräutergesellschaft ist natürlich sehr variabel. Sie wird immer den Geschmack des Einzelnen spiegeln und kann sich von Jahr zu Jahr wandeln. Als dekorative Kübelpflanzen können Sie Lorbeerbäumchen, alte Rosmarinsträucher und Myrten in Ihren kleinen Küchengarten stellen. In den Gefäßen säen Sie einjährige und zweijährige Kräuter aus. Auch mehrjährige Stauden wie Salbei, Oregano, Thymian, Lavendel, Zitronenmelisse und Minzen gedeihen bereitwillig im mobilen Garten.

Eine Zeit lang halten sich auch Rosen in großen Pflanzgefäßen. Altmodische Zentifolien oder die »Apotheker-Rose« (Rosa gallica 'Officinalis') passen am besten in die Gesellschaft der Kräuter und Arzneipflanzen. Außer ihrer Schönheit und ihrem betörenden Duft bringen sie auch heilsame Inhaltsstoffe mit. Fortgeschrittene Kräutergärtner benutzen frische Rosenblütenblätter als Badezusatz und als Würze zu Desserts oder Getränken.

Wenn Sie Ihre Kräuter in rustikale Terrakottagefäße pflanzen, kann an einer warmen Terrassenwand ein Topfgarten mit dem Flair des Südens entstehen.

Winterschutz und Sommerpflege

Mehrjährige Stauden im Topf brauchen über Winter eine besondere Pflege. Rosmarin ist zum Beispiel nicht frosthart. Der kleine Strauch muss im Herbst ins Haus geholt werden. An einem kühlen, aber hellen Platz kann er dort gefahrlos überwintern. Unter den gleichen Bedingungen könnten Sie auch eingetopften Salbei, Thymian, Ysop und Eberraute in der kalten Jahreszeit halten. Diese Pflanzen dürfen aber auch im Freiland bleiben.

Da kleinere Gefäße rasch durchfrieren, müssen Sie sie dann vor Kälte schützen. Ideal wäre zu diesem Zweck eine große Kiste mit feuchtem Sand, in die Sie die Töpfe einsenken. Notfalls bildet auch eine Noppenfolie

Zitronenmelisse, Schnittlauch, Lavendel, Tripmadam, Minze, Rosmarin und Duftblattpelargonien gedeihen gut in Töpfen und Kästen. An heißen Sommertagen müssen sie kräftig gegossen werden.

Kräuter, die in Gefäßen wachsen, brauchen etwas Zusatznahrung. Verwenden Sie einen organischen Dünger, zum Beispiel Hornspäne, die ihre Nährstoffe langsam und kontinuierlich abgeben. Mischen Sie diesen Dünger im Frühling unter die Erde.

eine schützende Hülle. Tontöpfe, die dick mit Zeitungspapier eingewickelt und dann mit alten Säcken zugebunden werden, sind ebenfalls winterfest. Wichtig ist, dass alle Gefäße nicht auf kalten Steinböden stehen, wo sie leicht festfrieren. Ideal wäre ein wärmender Teppich aus Stroh oder Heu als Unterlage.

Gießen mit Gefühl und Verstand

In der kalten Jahreszeit erfordert das Gießen der Kräuter in Töpfen viel Fingerspitzengefühl. Merken Sie sich als Faustregel: Je kühler eine Pflanze steht, desto weniger Wasser benötigt sie. Der Wurzelballen darf nie triefend nass sein, er darf aber auch nie ganz austrocknen! Kräuter, die draußen im Topf überwintern, gießen Sie nur bei frostfreiem Wetter.

An heißen Frühlings- und Sommertagen trocknen Kästen und Blumentöpfe dagegen rasch aus. Dann müssen Sie immer wieder gießen – am besten morgens oder abends. Verwenden Sie möglichst Regenwasser oder von der Sonne gewärmtes Wasser.

Duft und Würze im Balkonkasten

Auch wenn Sie nur einen Balkon besitzen, können Sie getrost

Ein Mini-Kräutergärtchen im Blumentopf: Grünes und rotblättriges Basilikum, Salbei und Petersilie bieten ihre Würze an.

unter die Kräutergärtner gehen. Wie schon im Küchengarten beschrieben, eignen sich zahlreiche Würzpflanzen auch für die Aussaat im Kasten. Wählen Sie zum Beispiel unter Kresse, Kerbel, Dill, Borretsch, Portulak, Majoran, Basilikum, Bohnenkraut und Petersilie.

Von den Staudenkräutern fühlen sich Salbei, Thymian, Estragon, Origano, Ysop, Melisse, Schnittlauch und Pfefferminze eine Zeit lang auch in Kästen oder großen Töpfen wohl. So alt wie im Garten werden sie in den meisten Fällen nicht. Aber in der Zwischenzeit können Sie Ihre Bestände ja durch eigene Ableger wieder vermehren.

So werden Töpfe und Kästen vorbereitet

Achten Sie bei der Vorbereitung Ihrer Kästen und Töpfe darauf, dass stets für guten Wasserabzug gesorgt ist. Alle Gefäße müssen unbedingt mit großen Löchern im Boden versehen sein. Legen Sie über diese Öffnungen einige Tonscherben oder flache Kieselsteine, damit sie nicht verstopfen. Dann füllen Sie als unterste Schicht 1–2 cm hoch Sand oder Kies ein. Fertig käufliche Blumenerde ist in den meisten Fällen keine ge-

Wählen Sie möglichst breite Kästen, dann können Sie abwechslungsreicher in zwei Reihen pflanzen. Ein Vorschlag: Kapuzinerkresse mit hängenden Blütenranken an der vorderen Kante, dahinter aufrechte Kräuter wie Lavendel, Origano und Ysop.

sunde Grundlage für Gewürzkräuter. Sie besteht überwiegend aus Torf. Wenn es irgend möglich ist, sollten Sie die Balkonkastenerde selber mischen aus je einem Drittel reifem Kompost, Sand und Gartenerde. Auch käuflicher Rindenhumus eignet sich als Beimischung, wenn er von guter Qualität ist. Vor der Pflanzung streuen Sie in die halb gefüllten Kästen Hornspäne als Vorratsnahrung. 2 Hand voll Dünger reichen aus für einen 1 m langen Kasten. Die Hornspäne vermischen Sie mit dem Humus und füllen dann die restliche Erde darüber. Dieser Vorrat reicht bei Kräutern für einen ganzen Sommer. Nur wenn die Kästen sehr dicht bewachsen sind oder wenn sie mit Sommerblumen gemischt werden, gießen Sie von Juni bis August noch einmal im Monat etwas Flüssigdünger in den

Wenn im Frühling das Balkongärtchen bepflanzt werden soll, muss alles bereitstehen: Töpfe, Erde, Werkzeug, Pflanzen und Samentüten. Vergessen Sie nicht, die Löcher am Boden mit Scherben abzudecken!

Kräuter auf der Fensterbank

Das kleinste Duft- und Würzgärtchen kann auf einer hellen, warmen Fensterbank entstehen. In Blumentöpfen und Schalen findet hier eine kleine Kräuter-Auswahl genügend Lebensraum. Ab und zu dürfen für die Küche ein paar Blättchen abgezupft werden. Aber diese Pflanzen sollten nie zu sehr geplündert werden, damit sie immer ein hübscher Anblick bleiben.

Ein Körbchen voller Duft und Würze mit Salbei, Thymian und Melisse.

Wurzelbereich. Dazu eignen sich organische Dünger, die im Gießwasser aufgelöst werden, oder selbst gemachte Brennnessel-Jauche.

Sommerblumen als blühende Gefährten

Auf dem Balkon wirken Kräuterkästen besonders anmutig, wenn sie mit Blumen »durchflochten« sind. Die Auswahl von Würzpflanzen und Sommerblüten muss natürlich sinnvoll aufeinander abgestimmt sein. So fügt sich zum Beispiel die Kapuzinerkresse sehr gut in diese Gemeinschaft, weil ihre leuchtend gelben oder orangefarbenen Blüten ebenso schön wie wohlschmeckend sind. Heliotrop, Studentenblumen, das süß riechende Steinkraut, Sommernelken und die alte Duftpflanze Reseda bilden ebenfalls eine harmonische Ergänzung zu den würzigen Kräutern.

nischer Ananassalbei sind einen Versuch wert. Bezugsquellen für solche Schätze finden Sie im Anhang (Seite 92).

Von Kräutern, die in Töpfen wachsen, können Sie auch im Winter noch ernten, wenn Sie sie auf eine nicht zu warme Fensterbank stellen.

Das feurig-würzige Basilikum gedeiht im Blumentopf an einem warmen Platz oft besser als im Garten. Auch Rosmarin kann gut auf der Fensterbank gezogen werden. Bei einfühlsamer Pflege wachsen Thymian, Salbei, Ysop und Melisse ebenfalls im Blumentopf. Natürlich gehören auf die Küchenfensterbank auch Schnittlauch, Petersilie und die »leichtlebige« Kresse. Wer eine nostalgische Atmosphäre liebt, der sollte sich eine Sammlung der zauberhaften Duftblatt-Pelargonien zulegen. Sie verströmen, je nach Sorte, die Wohlgerüche von Zitronen, Rosen, Pfefferminze oder Äpfeln. Die Blätter mit den unterschiedlichen Duftnoten können Sie zum Würzen verwenden. Experimentierfreudige Fensterbankgärtner haben sicher auch Freude daran, ein paar exotische Kräuter auszuprobieren. Tropisches Zitronengras, Chinesischer Teejasmin und Mexika-

auf einen blick

- Die Wahl des richtigen Standortes ist wichtig für eine gesunde Entwicklung der Kräuter.
- Viel Sonne und Wärme brauchen Kräuter, die aus den Mittelmeerländern stammen. Sie lieben trockene, nährstoffarme Böden.
- Heimische Kräuter vertragen mehr Feuchtigkeit und auch leichten Halbschatten.
- Kräutergärten können nach altem Vorbild in Beete eingeteilt und mit kleinen Hecken umgrenzt werden.
- Wer wenig Platz hat, der pflanzt ein- und mehrjährige Kräuter auf einem Beet zusammen. Bunte Sommerblumen und Stauden kann man gut mit den Würzpflanzen kombinieren.
- Praktisch ist ein aromatischer Küchengarten in mobilen Töpfen direkt am Haus.
- Der kleinste Kräutergarten gedeiht im Balkonkasten oder auf der Fensterbank.

Anlage und naturgemäße Pflege eines Kräutergartens

Naturgemäße Vorbereitungen sind die beste Grundlage für gute Ernten im Kräutergarten. Bei der Pflege der Würz- und Heilpflanzen helfen Kräuterbrühen und Mischkulturen mit, die Gesundheit zu stärken und Schädlinge abzuwehren.

Den Boden vorbereiten

Nachdem Sie einen günstigen Platz für Ihre Kräuter im Garten ausgesucht haben, sollten Sie zunächst den Boden genauer anschauen. Sie wissen ja schon, dass lockere Erde und guter Wasserabfluss die Grundlage für gesundes Kräuterwachstum sind. Prüfen Sie, wie Ihre Gartenerde beschaffen ist:

• Krümeliger, leicht sandiger Humus ist ideal.
• Schwerer, fetter Lehmboden muss unbedingt gelockert werden. Verwenden Sie dazu reinen Sand und regelmäßige Kompostgaben. Sehr günstig wirkt sich eine tiefwurzelnde Gründüngung aus, die ein Jahr vor der Anlage des Kräutergartens auf der gesamten Fläche als Vorkultur ausgesät wird.

◄ Platz für Kräuter ist überall – auch im Topfgarten auf der Terrasse.

• Magerer Sandboden ist für die Gewürzpflanzen aus dem Süden günstig. Reichern Sie ihn mit Tonmehl und Kompost an. Die Erde wird dann mit der Zeit bindiger und humusreicher. Wenn Ihr Garten sehr schweren, tonhaltigen Boden besitzt, in dessen Unterschicht sich das Wasser staut, dann müssen Sie unbedingt für eine Drainage sorgen. Am besten errichten Sie unter diesen für Kräuter ungünstigen Umständen ein Hochbeet.
Auch Bruchsteine, die zu einem Trockenmäuerchen aufgeschichtet werden, eignen sich. Auf diese Weise heben Sie Ihr Kräuterbeet aus dem schweren Boden des Gartens heraus und sorgen gleichzeitig für guten Wasserabzug.

Kompost – Dünger und Bodenpflege zugleich

Die beste Bodenpflege für Ihren Kräutergarten besteht in regelmäßiger Kompostversorgung. Diese selbst gemachte Supererde, die aus den Abfällen des Gartenjahres entsteht, bildet die Grundlage jeder naturgemäßen Pflege. Selbst auf kleinen Grundstücken ist genügend Platz vorhanden, um im Schatten eines Strauches ein Kompostsilo aufzustellen. Gut geeignet sind Holzlegen oder geschlossene Thermokomposter, die im Fachhandel angeboten werden. Wer mehr Raum zur Verfügung hat, der legt einen richtigen Kompostplatz mit offenen Mieten, Silo und Jauchetonnen an.

Vor der Pflanzung wird das Beet gründlich gejätet und gelockert.

So kompostiert man richtig

Das Grundrezept des Kompostierens ist für alle Anlagen gleich. Sammeln Sie alle organischen Abfälle des Gartens. Auch Küchenabfälle, wie Kartoffelschalen, Gemüsereste, Kaffeesatz, Tee und Schnittblumen, können verwertet werden. Je kleiner die Abfälle auf den Kompost gelangen, desto rascher verrotten sie zu wertvollem Humus.

Reifer Kompost ist die beste Nahrungsgrundlage für den Kräutergarten.

Merken Sie sich für eine erfolgreiche Kompostierung diese wichtigen Regeln:

- Der Kompost braucht Luft und Sauerstoff; deshalb muss das Material stets locker aufgeschichtet werden.
- Der Kompost braucht Wärme; deshalb müssen Sie ihn mindestens 50 cm hoch aufsetzen und anschließend abdecken. Dann entsteht bei der Rotte rasch genügend Hitze.
- Der Kompost braucht Feuchtigkeit; deshalb müssen Sie für eine »saftige Mischung« sorgen und bei trockenem Wetter den Haufen begießen.

Sehr wichtig ist auch, dass Sie stets trockene und feuchte Substanzen miteinander vermischen, denn die Kompostmasse darf weder faulig-nass noch hart und trocken sein. Schichten Sie stets eine größere Menge im Silo oder in einer Miete auf, denn flache Schichten erwärmen sich nicht genügend. Zwischen die einzelnen Lagen streuen Sie etwas Algenkalk, organischen Dünger und Kompost von einem fertigen Haufen. Diese Erde wimmelt von nützlichen Pilzen und Mikroorganismen, die bei der Zersetzung eine wichtige Rolle spielen. Sie wirken wie eine positive Impfung und bringen die Abbau-Prozesse in Schwung.
In der ersten Phase der Rotte muss Ihr Kompost Hitze entwickeln, damit die Zersetzung harmonisch abläuft.

Verwendung von Kompost im Kräutergarten

Je nach Zusammensetzung des Materials ist der Kompost nach 7–12 Monaten gebrauchsfertig.

Alle Abfälle haben sich dann in duftenden, nährstoffreichen Humus umgewandelt. Für Ihren Kräutergarten sollten Sie immer reifen Kompost verwenden, der ganz vererdet ist. Grobkompost eignet sich hier nicht. Streuen Sie den Kompost über die ganze Fläche des Beetes 2–3 cm hoch aus, und harken Sie ihn leicht in die Erdoberfläche ein. Verteilen Sie außerdem noch eine Zusatzration im Frühling rund um die Staudenkräuter.

In naturgemäßen Gärten wird der ausgestreute Kompost anschließend mit Gras, Laub oder anderen organischen Abfällen zugedeckt, damit er feucht bleibt. Da zahlreiche Kräuter aber Trockenheit nicht nur vertragen, sondern auch lieben, verwenden Sie hier keine weiche Mulchschicht. Legen Sie dort, wo die Pflanzen den Boden nicht selbst beschatten, flache Steine als Bodendecke aus. Kalkhaltiges Gestein ist günstig für Salbei, Ysop und Eberraute. Noch ein besonderer Vorteil: Steine speichern die Wärme.

Sparsam und gezielt: Dünger für Kräuter

Die meisten Kräuter bevorzugen einen mageren Boden. Bei zu reichlicher Ernährung schießen sie üppig ins Kraut, bilden aber weniger Aroma- und Heilstoffe. Stark und rasch treibende Stickstoffdüngung müssen Sie also im Kräutergarten unbedingt vermeiden. Wohlstandskost ist nichts für Würzpflanzen! Leichtes Fasten wirkt sich dagegen günstig aus.

Die regelmäßige Versorgung mit Kompost füllt im Allgemeinen die Nährstoffreserven ausreichend auf. Wenn Sie dennoch auf sehr armen Böden oder bei sehr starkwüchsigen Pflanzen (siehe Kapitel »Der ideale Standort«) ab und zu ein wenig Zusatznahrung geben möchten, dann wählen Sie am besten einen organischen Dünger, der sich sehr langsam im Boden umsetzt. Dafür eignen sich zum Beispiel Hornspäne, die Sie im zeitigen Frühling rund um die Pflanzen streuen, leicht einharken und mit Kompost abdecken. Empfehlenswert sind auch rein pflanzliche Algendünger, die im Handel angeboten werden. Bezugsquellen finden Sie im Anhang. Auch ein Guss verdünnter Brennnessel-Jauche ist im Frühsommer ebenfalls erlaubt. Gießen Sie direkt an die Wurzeln, und denken Sie immer daran: Lieber etwas weniger als zu viel!

Die Aussaat der ein- und zweijährigen Kräuter

Lockern Sie die Beete vor der Aussaat noch einmal mit dem Grubber oder mit dem »Sauzahn«. Unkraut entfernen Sie sehr sorgfältig mit allen Wurzeln. Steine und grobe Erdklumpen sammeln Sie auf und tragen sie weg. Die Erde sollte fein-

Einjährige Kräuter werden in Reihen auf dem Beet ausgesät.

Die günstigsten Aussaatzeiten und die Abstände zwischen den Reihen sind auf den Samentüten ausgedruckt. Sie finden sie auch in den Kräuterbeschreibungen im zweiten Teil dieses Buches. Halten Sie sich an diese Empfehlungen vor allem dann, wenn Sie noch nicht genug eigene Erfahrungen gesammelt haben. Noch ein Tipp: Kennzeichnen Sie alle Aussaaten mit Namensschildchen, damit Ihnen die Kräuter später nicht durcheinander geraten.

krümelig und locker sein. Nachdem die Kräuterbeete mit Kompost versorgt sind, harken Sie die Oberfläche mit dem Rechen glatt und teilen den Platz für die einzelnen Gewürze ein. Seien Sie dabei großzügig, damit die

Im Schutz des Frühbeets wachsen die ersten Frühlingskräuter heran.

Pflanzen später genügend Raum und Licht haben, um sich gesund zu entwickeln.

Mit einem Holzstäbchen oder mit den Fingern ziehen Sie dann flache Rillen für die verschiedenen Samenkörner. Stecken Sie überall das Tütchen oder ein Namensschild daneben, damit Sie später auch die einzelnen Gewürze identifizieren können. Vor allem für Anfänger ist diese kleine Vorsichtsmaßnahme wichtig.

Beginnen Sie mit der Aussaat nie zu früh. Die Erde muss sich schon erwärmt haben, damit die Samen keimen können. Arbeiten Sie auch nie in nasser, klebriger Erde. Wenn der Humus von selbst in lockere, feuchte Krümel auseinander fällt, bietet er den Samenkörnern die besten Voraussetzungen für ein »weiches Bett«.

In Landschaften mit mildem Klima können Sie im März bereits unempfindliche Kräuter wie Petersilie, Kresse und Kerbel aussäen. Im April folgen Borretsch, Dill, Kümmel, Löffelkraut und Ringelblumen. Auf warme Maitage müssen Sie warten, ehe Sie Majoran, Bohnenkraut, Basilikum, Portulak, Kapuzinerkresse und Schnittsellerie im Freiland ausstreuen können. Zweijährige Kräuter wie

Petersilie und Löffelkraut dürfen Sie im Spätsommer noch einmal aussäen.

Füttern Sie die Saatrillen mit feingesiebtem Kompost aus, und verteilen Sie die Körner möglichst dünn und gleichmäßig. Zum Schluss decken Sie die Reihen leicht mit Erde zu und gießen vorsichtig an.

Bis die Samen keimen, muss die Aussaat gleichmäßig feuchtgehalten werden. Alle näheren Angaben finden Sie bei den Beschreibungen der einzelnen Kräuter.

Südländer wachsen im Warmen auf

Einige besonders wärmeliebende Gewürzpflanzen kümmern leicht im Freiland, wenn der Frühling seine kalte Schulter zeigt. Säen Sie diese Kinder des Südens lieber unter einem schützenden Dach aus. Basilikum und Majoran sind für solche Fürsorge dankbar. Im geschlossenen Frühbeet oder unter einem Folientunnel können Sie Anfang April mit der Aussaat beginnen. Weniger empfindliche Kräuter keimen dort schon im März.

Der Boden wird genauso wie die Beete im Freiland vorbereitet und regelmäßig gegossen. In

Basilikum gedeiht gut im warmen Gewächshaus.

der feucht-warmen Atmosphäre unter Glas oder Folie keimen die Samen sehr bald. Dann müssen Sie bei warmem Wetter tagsüber lüften, damit kein Hitzestau entstehen kann.

In einem Kleingewächshaus finden Kräuter im Frühling besonders günstige Wachstumsbedingungen. Wenn das Haus geheizt ist, können Sie dort bereits im Januar mit den ersten Aussaaten beginnen.

Aussaat auf der Fensterbank

Es geht aber auch mit viel weniger Aufwand: Stellen Sie ein kleines Zimmergewächshaus oder ein paar Blumentöpfe auf eine warme, helle Fensterbank. Legen Sie Tonscherben über die Wasserabzugslöcher im Boden.

Füllen Sie in diese Gefäße zuerst eine Schicht Sand, dann lockere Erde, die reichlich mit Sand vermischt wurde. Nun können Sie die Samen dünn ausstreuen und leicht mit Kompost übersieben. Drücken Sie die Erde mit den Fingern fest, und gießen Sie sehr behutsam mit temperiertem Wasser und sanfter Brause an. Die Samenkörner dürfen nicht an die Oberfläche geschwemmt werden!

Sobald die grünen Pflänzchen sprießen, müssen Sie die Gefäße auf der Fensterbank lüften. Viel Licht und frische Luft sorgen dafür, dass die kleinen Kräuter nicht zu langbeinigen Schwächlingen aufschießen. Sobald Sie die Pflänzchen zwischen den Fingern fassen können, setzen Sie sie einzeln oder in kleinen Büscheln in Ton- oder Kunststofftöpfchen um. Dort bilden sie kräftige Wurzeln. Ab Mitte Mai, wenn keine Nachtfröste mehr zu befürchten sind, können Sie diese Kräuter dann in den Garten verpflanzen.

Pflanzzeit für mehrjährige Kräuter

Die mehrjährigen Staudenkräuter können Sie im Frühling oder im Herbst in Ihren Garten pflan-

zen. Sie werden meist in Töpfen angeboten, sind dann kräftig durchwurzelt und wachsen gut an. Natürlich können Sie um diese Zeit auch ausdauernde Gewürzpflanzen versetzen, die Sie selbst gesät oder durch Stecklinge vermehrt haben. Die Bodenvorbereitungen sind die gleichen wie bei der Aussaat der einjährigen Kräuter. Auf dem Staudenbeet ist es besonders wichtig, Unkraut gründlich mit allen Wurzeln auszureißen. Sie ersparen sich dadurch viel Ärger, weil sonst im Lauf der Zeit die Gewürzpflanzen mit Quecke, Giersch oder Hahnenfuß zu einem undurchdringlichen Wurzelfilz zusammenwachsen.

Suchen Sie den Platz für die Stauden und kleinen Gehölze unter den Kräutern sorgfältig aus. Planen Sie dabei den Umfang und die Höhe der erwachsenen Pflanzen ein, dann wählen Sie auch die richtigen Zwischenräume. Kräuter, die zu eng zusammenstehen, sind anfällig für Krankheiten und Schädlinge. Denken Sie daran, wie das helle Licht des Südens diese Pflanzen an ihren natürlichen Standorten umfließt! Zumindest ähnliche Bedingungen sollten sie auch bei uns vorfinden.

Vorgezogene Staudenkräuter werden im Frühling oder Herbst aufs Beet gepflanzt.

Nun gießen Sie noch vorsichtig an. Wenn Sie dafür Sorge tragen, dass die Wurzeln der jungen Pflanzen in den nächsten Wochen niemals austrocknen, dann werden Ihre Staudenkräuter bald Fuß fassen in der neuen Umgebung.

Leicht und preiswert: Kräuter vermehren

Beinahe alle mehrjährigen Kräuter können Sie selber vermehren.

Samen und Stecklinge

Für einen größeren Garten lohnt sich eine Aussaat, bei der Sie eine Fülle kleiner Pflanzen gewinnen. Am besten verwenden Sie dafür flache Schalen, die Sie ins Gewächshaus oder auf eine Fensterbank stellen. Diese Aussaaten werden genauso behandelt, wie es im Abschnitt »Vorkultur« beschrieben ist. Aus Samen können Sie zum Beispiel Rosmarin, Salbei, Lavendel, Thymian, Russischen Estragon, Melisse, Oregano, Pimpinelle, Ysop, Liebstöckel und Schnittlauch anziehen.

Graben Sie mit einer kleinen Schaufel ein Loch, und füllen Sie es mit reifem Kompost. Dann betten Sie den Wurzelballen in die kleine Grube und füllen ringsum Humus an. Drücken Sie die Erde behutsam mit den Händen fest, so dass sie die Wurzeln dicht umschließt. Die Pflanzen sollen nicht tiefer im Boden stehen als vorher im Topf.

Drücken Sie die Erde um die Pflanzen behutsam mit den Händen fest.

Alle Zutaten für die erfolgreiche Stecklingsvermehrung liegen bereit.

nen sich als Kinderstube. Sobald die Stecklinge kräftige Wurzeln gebildet haben und zu treiben beginnen, werden sie in etwas größere Töpfe verpflanzt. Mit der Stecklingsvermehrung können Sie es bei Salbei, Eberraute, Bergbohnenkraut, Ysop, Oregano, Wermut, Lavendel, Estragon, Melisse, Rosmarin und Thymian versuchen.

Wurzelstücke und Wurzelballen

Besonders einfach ist die Vermehrung, wenn die Kräuter Wurzelausläufer bilden. Sie können dann mit dem Spaten vorsichtig ein Stück Wurzel mit oberirdischen Trieben abtrennen und neu einpflanzen. Die günstigste Zeit für diese Vermehrungsart liegt im Herbst (Oktober bis November) und im Frühling (April bis Mai). Besonders geeignet sind Estragon und Pfefferminze. Schließlich gibt es noch mehrjährige Kräuter, die mit der Zeit einen großen geschlossenen Wurzelbereich mit zahlreichen oberirdischen Austrieben bilden. Wie die meisten Stauden kann man diese Pflanzen ausgraben und in mehrere Stücke teilen. Stechen Sie mit einem sehr scharfen Spaten in den Wurzelballen, und durch-

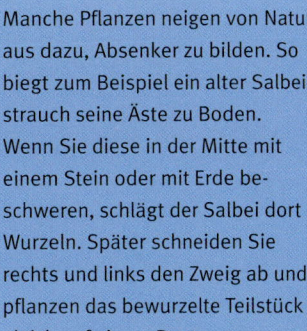

Manche Pflanzen neigen von Natur aus dazu, Absenker zu bilden. So biegt zum Beispiel ein alter Salbeistrauch seine Äste zu Boden. Wenn Sie diese in der Mitte mit einem Stein oder mit Erde beschweren, schlägt der Salbei dort Wurzeln. Später schneiden Sie rechts und links den Zweig ab und pflanzen das bewurzelte Teilstück gleich auf einem Beet aus.

trennen Sie das fest verwachsene Gewirr durch mehrere Einschnitte von allen Seiten. Die Teilstücke werden anschließend wieder eingepflanzt. Für diese Art der Vermehrung eignen sich zum Beispiel Zitronenmelisse, Origano, Indianernessel und Schnittlauch.

Durch einzelne ausgegrabene Wurzeln oder Wurzelstücke können Sie schließlich noch Liebstöckel, Meerrettich, Beinwell, Alant und Sauerampfer vermehren. Denken Sie immer daran, dass jede Teilung einen schmerzhaften Einschnitt im Pflanzenleben bedeutet. Eine Schonzeit und behutsame Behandlung sind nötig, damit neues Leben sich entfalten kann. Feuchtes Wetter und bedeckter Himmel sind dabei hilfreicher als brennende Sonne.

Wenn Sie nur einige wenige Pflanzen für die Erweiterung oder die Verjüngung Ihres Kräutergartens brauchen, dann sollten Sie im Sommer Stecklinge schneiden. Junge, noch nicht verholzte Triebspitzen eignen sich dazu. Sie werden mit einem scharfen Messer abgetrennt und dann in kleine Töpfe gesteckt, die mit einer sehr sandigen Erdmischung gefüllt sind. Nur die obersten Blätter bleiben erhalten, alle anderen werden entfernt. Stecklinge brauchen gleichmäßige Feuchtigkeit. Bei zu viel Nässe faulen die Stängel. Wärme und Halbschatten fördern die Wurzelbildung. Ein Gewächshaus, ein Frühbeet oder ein geschützter Gartenplatz eig-

Wo Sie finden, was Sie suchen

Saatgut für zahlreiche einjährige, zweijährige und mehrjährige Kräuter bekommen Sie inzwischen überall im gut sortierten Fachhandel und im Versand. Spezialfirmen bieten außer einem breiten Sortiment auch verlockende Raritäten an. Jungpflanzen erhalten Sie zum Teil in den örtlichen Gärtnereien, auf Märkten und in Gartencentern. Hier können Sie selber auswählen und die Qualität der Pflanzen begutachten. Wenn Sie in Ihrer Nähe keine Quelle für frische Pflanzen finden, dann können Sie bei guten Staudengärtnereien oder bei Spezialfirmen bestellen. Die Kräuter kommen per Post, sind in Töpfen angezogen und sicher in Paketen verpackt. Gute Bezugsquellen finden Sie im Anhang (Seite 91).

Fachhandel und Spezialgärtnereien bieten Kräuter in verlockender Vielfalt an.

Oregano ist ein robustes, mehrjähriges Kraut, das Kälte verträgt und deshalb auch in höheren Lagen gedeiht. Die Pflanzen säen sich leicht aus, ihre Blüten locken Bienen und Schmetterlinge an.

Voraussetzungen für gesundes Wachstum

Den Grund für gesundes Wachstum legen Sie im wahrsten Sinn des Wortes, indem Sie den Boden mit naturgemäßen Mitteln vorbereiten und pflegen (siehe Seite 25). Darüber hinaus ist es auch wichtig, die natürlichen Gegebenheiten des Klimas und des Standortes zu akzeptieren. In sehr rauen Landschaften mit langen, kalten Wintermonaten werden Sie mit einigen südländischen Kräutern Schwierigkeiten bekommen.

Der Französische Thymian zum Beispiel wird hier unter Frost leiden. Entscheiden Sie sich lieber von vornherein für den robusteren Deutschen Thymian, der auch Winterthymian genannt wird. Auch alle anderen Kräuter sollten Sie nach dem Klima aussuchen, dem Ihr Garten ausgesetzt ist. In einer warmen Weinbau-Landschaft kann es sich ein Kräutergärtner sogar leisten, einen Rosmarinstock an einem geschützten Platz im Freien zu überwintern. Auf der Schwäbischen Alb wird dieses Experiment sicher mit einer großen Enttäuschung und dem Erfrierungstod der Pflanze enden. Schauen Sie sich also die Beschreibungen der Pflanzen im zweiten Teil des Buches genau an, dann können Sie entscheiden, welches Kraut in Ihrem Garten die passenden Lebensbedingungen findet.

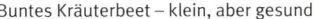
Buntes Kräuterbeet – klein, aber gesund!

Natürlicher Pflanzenschutz im Kräutergarten

Im naturgemäßen Garten wird eine Vielzahl von Wildkräutern dazu benutzt, Schädlinge abzuwehren und Krankheiten vorzubeugen. Auch einige Gewürzpflanzen können hier nutzbringend eingesetzt werden. In einem gepflegten Kräutergarten sind Katastrophen, wie sie sich in einem Gemüse- oder Obstgarten ereignen können, allerdings selten. Die Fülle der starkduftenden Pflanzen zieht zwar Bienen und Hummeln in Scharen an, schädliche Insekten werden aber anscheinend eher irritiert und vertrieben.

Stärkung und Abwehr durch Brühen und Jauchen

Diese Erfahrung machen aufmerksame Bio-Gärtner auch im Nutzgarten, bei der Mischkultur mit aromatischen Kräutern und bei der Verwendung von Spritzbrühen aus Wermut oder Rainfarn. Seit Jahrhunderten nutzt man die starken Gerüche bestimmter Kräuter auch, um im Haus Motten, Fliegen und Ungeziefer zu vertreiben. Nach alter Tradition hängt man noch heute Duftsträußchen aus Lavendel,

Eberraute, Balsamkraut und Rainfarn in Wäscheschränken und Wohnräumen auf.
Da viele Duftgewächse auf dem Kräuterbeet nebeneinander wachsen, hilft sich der Garten dort gewissermaßen selbst mit natürlichen Mitteln. Falls aber durch ungünstige Witterung oder durch Kulturfehler doch einmal eine Insektenplage oder Mehltau auftauchen sollten, können Sie sich mit hausgemachten pflanzlichen Spritzbrühen helfen, die keine schädlichen Nebenwirkungen haben.

Rainfarn-Tee
Brühen Sie aus 300 g frischem Rainfarn (Blüten und Blätter) oder 30 g getrocknetem Kraut mit 10 l kochendem Wasser einen Tee auf. Der Aufguss muss 10–15 Minuten durchziehen. Dann wird er abgesiebt und nach dem Erkalten 1:3 mit Wasser verdünnt. Dieser Kräutertee kann gegen Milben, Blattläuse und andere Insekten ausge-

Aus frischem Wermutkraut können Sie Tee oder Jauche ansetzen.

spritzt werden. Rainfarn-Tee können Sie auch mit Schachtelhalm-Tee mischen.

Wermut-Tee

300 g frische Wermutblätter (vor der Blüte gesammelt) oder 30 g getrocknetes Kraut werden mit 10 l Wasser überbrüht. Der Tee wird genauso zubereitet wie im Rainfarn-Rezept beschrieben und unverdünnt ausgespritzt. Er wehrt unter anderem Läuse, Ameisen und Raupen ab.

Schachtelhalm-Brühe

Diese Pflanze aus den Urzeiten der Erde wächst in manchem Garten als Unkraut. Das frische Kraut wird im Sommer gesammelt, wenn die Triebe reich an Kieselsäure sind und sich schon spröde anfühlen. Sie können Schachtelhalm aber auch als getrocknete Droge, als Pulver oder als Flüssig-Extrakt im Fachhandel kaufen (siehe Bezugsquellen Seite 92). Für 10 l Wasser benötigen Sie 1–1,5 kg frisches oder 150–200 g getrocknetes Kraut. Weichen Sie den Schachtelhalm zunächst 24 Stunden in Wasser ein, dann wird er mit dieser Flüssigkeit aufgekocht. Die Brühe soll noch etwa 30 Minuten bei geringer Hitze weiterkochen. Dann lassen Sie alles abkühlen und gießen die Flüssigkeit durch ein Sieb ab.

Schachtelhalm-Brühe wird 1:5 mit Wasser verdünnt und in sonnigen Vormittagsstunden über die Pflanzen gesprüht. Dieser Kräuter-Auszug ist stark kieselsäurehaltig. Er stärkt die Zellen der Pflanzen und erschwert dadurch das Eindringen von Pilzen. Schachtelhalm-Brühe wird vom Frühling bis zum Sommer öfter vorbeugend gespritzt.

Biologischer Pflanzenschutz mit käuflichen Mitteln

Im Fachhandel können Sie einige Bio-Präparate kaufen, die vorbeugend oder direkt gegen Schädlinge eingesetzt werden können. Aus dem inzwischen schon reich sortierten Angebot seien hier nur einige Beispiele genannt, die Sie im Kräutergarten verwenden können: Gegen Läuse und andere Insekten helfen umweltfreundliche Niembaum-Produkte. Die Widerstandskräfte gegen Mehltau werden durch Bio-Blatt-Mehltaumittel und Bio-S gestärkt. Einige Bezugsquellen finden Sie im Anhang.

Viele Handelspräparate werden in Wasser angerührt und dann über die Pflanzen gespritzt.

Die Mischkultur von Petersilie und Tagetes hilft gegen Nematoden.

Bio-Tipps für Notfälle

Unter ungünstigen Umständen sind einige Kräuter für ganz bestimmte Krankheiten oder Schädlinge anfällig. Was Sie in besonderen Notfällen tun können, verraten Ihnen die folgenden Tipps:

Petersilienwelke

Die schönste grüne Petersilie kann über Nacht einen Kollaps bekommen. Dann werden die Blätter gelb und welk. Oft lösen sich die Stängel von selbst. Wenn Sie die Pflanzen ausgraben, werden Sie feststellen, dass die Wurzeln Fraß- und Fäulnisschäden zeigen. Dies kann verschiedene Ursachen haben:

1. Die **Möhrenfliege** – ihre Maden fressen sich in die Wurzeln. Sie erkennen dies an braun gefärbten Gängen.
2. **Nematoden** oder **Wurzelälchen** – Wurzeln faulen und sterben ab.

Gegen die Möhrenfliege helfen vorbeugende Mischkulturen: Säen Sie die Petersilie abwechselnd mit Schnittlauch oder Zwiebeln. Überbrausen Sie die gefährdeten Pflanzen außerdem öfter mit stark riechenden Kräuter-Tees aus Wermut oder Rainfarn.

Gegen Nematoden hilft eine Bodenentseuchung durch Tagetes und Ringelblumen. Säen Sie diese hübschen Blumen an derjenigen Stelle des Kräuterbeetes aus, an der Sie im folgenden Jahr die Petersilie einplanen. Die Wurzelausscheidungen dieser nützlichen Pflanzen vertreiben die schädlichen Älchen. Sie können auch, wenn Sie nicht sicher sind, ob Nematoden in Ihrer Gartenerde vorhanden sind, Petersilie und Tagetes abwechselnd in Reihen säen.

Kummer mit Dill

Auch an den langen Pfahlwurzeln des Dills kann sich die Möhrenfliege zu schaffen machen. Dann gelten die gleichen Abwehrmaßnahmen, wie sie bei

Noch ein wichtiger Tipp für gesunde Petersilie: Dieses Gewürzkraut ist mit sich selbst unverträglich. Säen Sie es jedes Jahr an einen anderen Platz. Wo Petersilie längere Zeit am gleichen Fleck bleibt, kümmert sie.

der Petersilie beschrieben sind. Oft ist aber auch ein ungünstiger Standort schuld daran, dass der Dill sich wie eine beleidigte Primadonna aufführt. Er will ein-

Dill wächst besonders gut zwischen Gurken.

Achten Sie bei der Auswahl des Dill-Saatgutes ganz besonders auf Qualitäts-Züchtungen, keimgeschützte Verpackung und Haltbarkeitsgarantie.

fach nicht! Versuchen Sie es dann einmal mit einer Aussaat am Rand des Gurkenbeetes. Dort gedeiht das Kraut oft besser als im Gewürzgarten. Die Gurkenranken halten mit ihren breiten Blättern den Boden feucht. In lockerem Humus mit gleichmäßiger Feuchtigkeit fühlen sich die Wurzeln des Dills besonders wohl. Wenn das Kraut dann noch oberirdisch reichlich Sonne bekommt, gedeiht es prächtig und wird leicht 1–1,50 m hoch.

Pfefferminz-Rost

Zu enger, stickiger Standort ist schuld an einer Pilzerkrankung, dem Pfefferminz-Rost. Bei akutem Befall hilft nur das radikale Zurückschneiden der Pflanzen. Der neue Austrieb ist dann meist wieder gesund. Um weiteren Schaden im nächsten Jahr zu vermeiden, müssen Sie die Wachstumsbedingungen verbessern. Lichten Sie die Pflanzen aus, damit sie mehr Luft be-

kommen, oder räumen Sie der Pfefferminze mehr Raum zum Ausdehnen ein. Am Rande einer lockeren Hecke oder am Teich fühlt sie sich wohl.

Schnecken an jungen Kräuteraussaaten

Schon manche junge Kräuterreihe, die eben die ersten zarten Blättchen über der braunen Erde entfaltete, wurde über Nacht ein Opfer der Schnecken. Vor allem Basilikum, Portulak, Majoran und Bohnenkraut lieben diese Kriechtiere offenbar sehr.

Die friedfertigste aller Schneckenabwehr-Methoden ist das Sammeln. Legen Sie alte Bretter oder Säcke aus. Die Tiere verkriechen sich gern in solchen feucht-dunklen Schlupfwinkeln. Dort können Sie sie leicht in größeren Mengen finden. Tragen Sie Ihre »Beute« weit genug weg, und lassen Sie die Schnecken am Waldrand oder in einem Graben wieder frei. Wenn Sie regelmäßig sammeln, ist diese Abwehr-Methode sehr wirksam.

Schutzstreifen um einzelne Pflanzen oder Kräuterreihen

Auch Schnecken sind Feinschmecker: Sie lieben vor allem Basilikum, Majoran und Bohnenkraut.

können Sie aus Sand, Gesteins-mehl, Kalk oder Holzasche aus-legen. Diese Mittel wirken aber nur bei trockenem Wetter. Etwas beständiger sind dicke Säge-mehl-Wälle. Gemahlene Niem-samen können ebenfalls als schützender Ring um gefährde-te Pflanzen ausgestreut werden. Eine gewisse Abwehrwirkung gegen Schnecken besitzen auch einige stark duftende Kräuter innerhalb des Gewürzgartens: Salbei, Thymian und Ysop. Da-rauf können Sie sich aber nur begrenzt verlassen. In großer Not hilft das umweltfreundliche Schneckenkorn 'Ferramol', dessen Wirkstoff Eisenphosphat für Haustiere, Igel und andere Tiere ungefährlich ist. Das Mittel wirkt auch bei Regen-wetter.

Kräuter, die sich »kränken«

Nicht alle Heil- und Gewürzkräu-ter fühlen sich nebeneinander wohl. Diese eigenwilligen Pflan-zen mit den ausgeprägten Aus-scheidungen ihrer Düfte wach-sen ja auch in der Natur an besonderen Stellen. Sie suchen sich dort ihre Nachbarn gewis-sermaßen selber aus. Im Garten muss der Gärtner auf günstige Gemeinschaften achten, denn

es gibt Kräuter, die sich »krän-ken«, wenn sie zu nahe neben-einander leben müssen. Sie kümmern im Wuchs oder wer-den krank, weil ihnen die Aus-scheidungen des Nachbarn nicht bekommen. Vermeiden Sie deshalb in einem gesunden Kräutergarten die folgenden ungünstigen Kombinationen:
- Melisse und Indianernessel
- Kümmel und Fenchel
- Pfefferminze und Kamille
- Wermut behindert viele Pflan-zen; setzen Sie ihn etwas ab-seits.

Mischkultur mit Kräutern

Kräuter beeinflussen sich nicht nur untereinander positiv oder negativ. Auch im Gemüse- oder Ziergarten üben sie ihre wohl-tuenden Einflüsse aus: Sie weh-ren auch dort Schädlinge ab. Spezielle Kombinationen ver-bessern außerdem das Aroma oder fördern das Wachstum ihrer grünen Nachbarn. Probieren Sie einmal die folgen-den Kombinationen von Kräu-tern mit Gemüse, Obst oder Blu-men aus. Die Erfahrungen und Beobachtungen, die Sie dabei sammeln, sind sicher wertvoller als jede Theorie.

Pfefferminze gedeiht nicht gut in der Nachbarschaft von Kamille. Halten Sie Abstand zwischen die-sen beiden Kräutern.

- **Bohnenkraut** am Rand des Buschbohnen-Beetes schützt das Gemüse vor Schwarzen Läusen.
- **Kapuzinerkresse** hält Blutläuse und Schwarze Läuse von Obst-bäumen fern.

Säen Sie Bohnenkraut direkt neben die Buschbohnen!

- **Pfefferminze** wehrt Kohlweißlinge und Erdflöhe ab. Sie eignet sich also als Randpflanzung am Kohlbeet. Dabei dürfen Sie aber nicht vergessen, dass dieses Kraut stark wuchert!
- **Salbei** und **Thymian** vertreiben Kohlweißlinge und Schnecken, wenn sie wie eine Schutzhecke rings um ein Beet angepflanzt werden. Hundertprozentige Sicherheit gewähren sie aber nicht.

Klassisch schön und nützlich gegen Läuse: Rosen neben Lavendel.

- **Lavendel** schützt Rosen vor Läusen.
- **Kresse** verbessert das Aroma der Radieschen, wenn beide in abwechselnden Reihen ausgesät werden.
- **Kümmel** als Randpflanzung wirkt sich günstig auf den Geschmack von Kartoffeln aus. Gute Nachbarn der Erdäpfel sind auch Kapuzinerkresse und Meerrettich, wenn genug Platz vorhanden ist.
- **Dill** ist ebenso wie die verwandten Doldenblütler Kümmel, Fenchel oder Koriander ein guter Nachbar für Gurken; auch in der Gesellschaft von Möhren oder Zwiebeln fühlt sich das Kraut wohl.
- **Petersilie** hat gute Beziehungen zu Tomaten; neben Kopfsalat gedeiht das alte Küchenkraut dagegen schlecht.

Die günstigen oder auch hemmenden Einflüsse der Kräuter auf ihre Pflanzennachbarn werden wahrscheinlich durch ihre Düfte, zum Teil auch durch Wurzelausscheidungen erzeugt. Je besser Sie die Würz- und Heilpflanzen mit der Zeit kennen lernen, desto mehr werden Sie ein Gefühl für ihre charakteristischen Eigenschaften entwickeln.

Kräuter locken nützliche Insekten an

Schmetterlinge, Hummeln, Bienen, Schwebfliegen und viele andere Insekten finden in der Landschaft nur noch spärliche Nahrungsquellen. Blühende Feldränder und Wiesen sind verschwunden. Wilder Salbei, Feldthymian, Bachminze und all die vielen anderen Wildkräuter, die sich früher als natürliche Honig- und Nektarspeicher anboten, haben Seltenheitswert. Ein Kräutergarten bildet deshalb für Bienen und andere Insekten einen magischen Anziehungspunkt. Von weit her kommen sie aus der Umgebung und »weiden« die ergiebigen Honiggründe ab. »Zum Dank« bestäuben sie die Obstgehölze des Gärtners. Einige unter ihnen legen auch ihre Eier an bestimmten Nutzpflanzen ab. Die Larven, die wenig später dort ausschlüpfen, vertilgen große Mengen Blattläuse. Ein Gärtner, der nach naturgemäßen Methoden arbeitet, sollte deshalb seine Kräuter auch ganz bewusst als Bienen- und Insektenfutter betrachten. Er arbeitet dabei auf einem wichtigen Gebiet mit der Natur zusammen.

Die folgenden Pflanzen sind bei Bienen besonders beliebt: Borretsch, Zitronenmelisse und Thy-

Die blühende Kräuter-Oase ist ein Paradies für Bienen und Schmetterlinge.

mian. Aber auch Salbei, Ysop, Rosmarin, Bohnenkraut, Oregano, blühender Schnittlauch, Lavendel, Königskerzen und Indianernesseln locken die geflügelten Honigsammler an. Kräuter aus der Familie der Doldenblütler *(Umbelliferae)* ziehen die nützlichen Schwebfliegen an: Dazu gehören Petersilie, Kümmel und Koriander. Fenchel, Dill und Kümmel liebt der Schwalbenschwanz. Pfauenauge, Kleiner Fuchs und Admiral legen ihre Eier an Brennnesselstauden ab, von deren Blättern sich später die Raupen ernähren.

Dies sind nur einige Beispiele für die Vielfalt des Lebens, die sich im Gewürz- und Heilpflanzengarten einfindet. Den ganzen Sommer über summt und schwirrt es zwischen den duftenden Kräutern. Aufmerksame Gärtner können hier immer etwas Interessantes beobachten und anschaulichen Naturkunde-Unterricht nehmen.

Ernten, aufbewahren und genießen

Es lohnt sich, die selbst gezogenen Kräuter auch für die Winterzeit haltbar zu machen. Getrocknet oder eingelegt in Essig und Öl dienen sie dann als Gewürzvorräte in der Küche und als Tee. So gewinnen Sie preiswerte Feinschmecker-Spezialitäten und wertvolle Arznei für die Hausapotheke.

Der richtige Zeitpunkt für die Kräuter-Ernte

Jedes Kraut erlebt zu einer bestimmten Zeit im Sommer oder Herbst den Höhepunkt seiner Reife. Dann ist es besonders reich an Aroma- und Heilstoffen. In diesen kurzen Tagen oder Wochen sollten Sie Ihre Gewürz- oder Arzneikräuter ernten. Da jedes Kraut nach seinem eigenen Lebensrhythmus wächst und reift, müssen Sie sich die günstigsten Erntetermine einprägen. In den Beschreibungen der einzelnen Pflanzen sind sie im zweiten Teil dieses Buches immer angegeben. Nützen Sie diese »Hochzeiten«, denn sie bedeuten eine Garantie für gute Qualität.

Der Reichtum an wertvollen Inhaltsstoffen ist allerdings auch

Der richtige Zeitpunkt für die Lavendelernte ist gekommen, wenn sich die Blütenähren gerade zu öffnen beginnen. Schneiden Sie sie an einem sonnigen, trockenen Morgen.

vom Wetter abhängig. In sonnenreichen Jahren ist der Gehalt an ätherischen Ölen zum Beispiel höher als in einem kühlen, verregneten Sommer. Von vielen Kräutern können Sie für den täglichen Bedarf in der Küche vom Frühling bis zum Herbst stets frische Blätter ernten. Auch dafür finden Sie Hinweise in den Pflanzen-Porträts. Einzelne kleine Zweigspitzen, Blätter oder Blüten pflücken Sie am besten behutsam mit der Hand. Härtere Stängel schneiden Sie mit einem scharfen Messer oder mit einer Rosenschere glatt ab. Vermeiden Sie Risse und Verletzungen an den Pflanzen. Solche Stellen sind offene Tore für Schädlinge und Krankheiten.

Kräuter trocknen

Zahlreiche Kräuter lassen sich ausgezeichnet trocknen. Sie sind dann etwa ein Jahr lang haltbar. Später verlieren sie an

Würze und Heilkraft. Diese Methode ist uralt; sie funktioniert heute genauso gut wie vor tausend Jahren. Zum Dörren eignen sich zum Beispiel Thymian, Oregano, Salbei, Pfefferminze, Kamille, Johanniskraut, Lavendel, Majoran, Bohnenkraut, Beifuß, Wermut und viele andere.

Kräuter, die Sie trocknen möchten, schneiden Sie am besten in den etwas späteren Vormittagsstunden an einem sonnigen Tag. Der Tau der Nacht soll schon abgetrocknet sein, aber die Mittagshitze darf die Blätter noch nicht »ermattet« haben. Sammeln Sie die abgeschnittenen Kräuter in einem luftigen Wei-

◄ Kräutergärtner sammeln und genießen Spezialitäten aus aller Welt. Hier sind es Zitronenkräuter in internationalen Variationen.

denkorb. Sie dürfen nur locker aufeinander liegen. Überprüfen Sie zu Hause alle Kräuter noch einmal sorgfältig, denn nur einwandfreie, gesunde Pflanzenteile eignen sich zum Konservieren. Schütteln Sie die Zweige einmal kräftig, damit versteckte kleine Insekten herausfallen. Am besten wäre es, wenn Sie Ihre Kräuter so trocknen, wie sie geerntet wurden. In Gegenden mit großer Luftverschmutzung werden Sie sie aber leider vorsichtig abwaschen müssen. Schütteln Sie anschließend das Wasser aus den Zweigen, und tupfen Sie die Blätter mit Papiertüchern ab. Auf einem luftigen Rost lassen Sie die Kräuter wieder abtrocknen. Erst wenn die Blätter nicht mehr feucht sind, werden

Johanniskraut, Kamille, Schafgarbe und Malven werden in der Blütezeit geerntet. Diese Kräuter wachsen oft noch wild am Wegrand.

Wenn Sie auf einem Spaziergang am Wegrand Kräuter sammeln, sollten Sie das nie an verkehrsreichen Straßen tun. Die Schadstoffe, die sich auf den Blättern ablagern, machen die besten Heilpflanzen ungenießbar. Pflücken Sie Heil- und Teekräuter nur an abseits gelegenen Feld- und Waldwegen.

sie weiterverarbeitet. Binden Sie lockere Sträuße aus den verschiedenen Kräutern, und hängen Sie diese kopfunter an einer Leine auf. Der Trockenplatz soll unbedingt schattig und luftig sein. Heiße Sonne ist ebenso schädlich wie stickige, feuchte Luft. Bei Hitze verflüchtigen sich wertvolle Inhaltsstoffe; bei Nässe entsteht Schimmel oder Fäulnis.
Sobald die Blätter so trocken sind, dass sie zwischen den Fingern rascheln und zerbröseln,

Kleine, bunte Kräutersträußchen sind ein hübsches Mitbringsel. Einem Gastgeschenk verleihen sie eine duftende Sommernote.

können sie in Gläser oder Tee-
dosen umgefüllt werden. Streifen Sie dabei die Blätter und
Blüten von den Stängeln. Wichtig ist, dass die Gefäße luftdicht
verschlossen werden können,
zum Beispiel mit Schraubde-
ckeln oder Korken. So bleiben
Würze und Heilstoffe am besten
erhalten.
Außer auf der Trockenleine können Sie Ihre Kräuter auch auf
luftigen Rosten locker ausgebreitet trocknen. Bei sehr milden Temperaturen dörren sie

auch auf Trockenapparaten, die
für Obst und Gemüse benutzt
werden.

Wurzeln dörren

Von einigen Heilpflanzen werden auch die Wurzeln geerntet
und konserviert. Dies geschieht
meist im Herbst oder im Frühling. Stechen Sie nur so viele
Wurzelstöcke mit dem Spaten
oder einem scharfen Messer ab,
wie die Staude ohne Schaden
entbehren kann. Alant, Baldrian

Auf den Sieben eines Dörrapparates trocknen
Kräuter bei milder Wärme rasch und gleichmäßig.
Diese Methode eignet sich gut für einzelne Blätter
und Blüten, aber auch für Wurzeln.

Trocknen Sie Ihre Kräutersträuße an einem schattigen, luftigen Platz. Sie sollten vor
Sonne und Staub ebenso geschützt sein wie vor Regen und feuchter Luft.

und Engelwurz sind zum Beispiel solche Wurzelspender.
Diese braunen, fleischigen
Pflanzenteile werden sorgfältig
gesäubert, unter fließendem
Wasser abgebürstet und wieder
trockengerieben. Große Wurzeln
schneiden Sie in Stücke, kleinere verarbeiten Sie im Ganzen.
Mit Hilfe einer Stopfnadel und
eines festen Zwirnfadens reihen
Sie die Wurzelernte auf eine
Schnur und hängen sie wie die
Kräutersträuße zum Trocknen
auf. Bei milder Wärme können
die heilkräftigen Wurzeln auch
im Backofen oder auf den Sieben eines Trockenapparates gedörrt werden.

Samen sammeln

Schließlich gibt es noch einige Gewürzpflanzen, von denen Sie vor allem die Samenkörner ernten. Kümmel, Koriander und Tee-Fenchel gehören zum Beispiel dazu. Diese Kräuter müssen Sie zur Erntezeit sorgfältig beobachten. Schneiden Sie die Dolden mit den Körnern kurz vor der Reife. Sonst besteht die Gefahr, dass sie sich lösen und herunterfallen.

Auch diese Samenstände binden Sie zu lockeren Sträußen und hängen sie zum Trocknen auf. Darunter breiten Sie saubere Baumwolltücher oder Küchenpapier aus. Dort sammeln Sie dann die reifen, ausfallenden Körner. Zuletzt klopfen Sie die Sträuße auf der

Jetzt müssen die reifen, braunen Körner des Kümmels geerntet werden!

Unterlage noch einmal kräftig aus. Blättchen und Staub entfernen Sie, indem Sie die Samen in ein feines Sieb schütten und rütteln. Die leichte Spreu liegt dann obenauf und kann weggepustet werden. Auch die Körnerernte bewahren Sie, ebenso wie Blätter, Blüten und Wurzeln, in verschlossenen Gefäßen auf.

Kräuter in Essig und Öl

Zu den altehrwürdigen Konservierungsmethoden, die seit Jahrtausenden im Gebrauch sind, gehört auch das Einlegen in Essig und Öl. Diese Mittel besitzen konservierende Eigenschaften, die das Eindringen schädlicher Bakterien verhin-

dern. Die Aroma- und Heilstoffe der Pflanzen gehen nach einiger Zeit in die Flüssigkeit über. Essig und Öl werden so zum Träger der Würze und der medizinischen Substanzen.

Die Zubereitung benötigt nur wenig Zeit und Mühe. Die geeigneten Pflanzenteile werden sorgfältig gesäubert, abgetrocknet und dann in saubere Flaschen gefüllt. Dabei soll so viel Zwischenraum bleiben, dass Sie das gefüllte Gefäß mühelos schütteln und die Substanzen immer wieder mischen können. Zum Schluss gießen Sie Essig oder Öl über die Kräuter. Alle Pflanzenteile müssen ganz bedeckt sein, denn wenn ein Blatt oder ein Stängel herausragt, besteht Fäulnisgefahr.

Verwenden Sie für diese Ansätze guten Wein- oder Obstessig und kaltgeschlagenes Olivenöl. Andere Pflanzenöle, wie zum Beispiel Distelöl, eignen sich auch. Zum Schluss werden die Flaschen fest verkorkt und auf eine sonnige warme Fensterbank gestellt. Jeden Tag nehmen Sie sie einmal in die Hand und schütteln den Inhalt kräftig durch. Der Kräuteressig ist nach 2–3 Wochen gebrauchsfertig. Er hält sich an einem dunklen Ort jahrelang. Die Kräuteröle brau-

Vergessen Sie nicht, auf die Gefäße, in denen Sie Ihre Kräuter-Ernte aufbewahren, Etiketten zu kleben. Schreiben Sie den Namen des Krautes und das Jahr der Ernte auf. So können Sie später das richtige Gewürz oder das passende Teekraut leicht finden. Kräuter, die älter als ein Jahr sind, verlieren ihre Wirksamkeit.

chen 3–6 Wochen, um ganz durchzuziehen.
Anschließend werden sie abgefiltert. Dazu legen Sie am besten ein sauberes Taschentuch in einen großen Trichter. Zum Schluss drücken Sie das Tuch noch einmal kräftig mit den Händen aus, damit alle wertvollen Bestandteile in die Flasche gelangen. Kräuteröl soll kühl und dunkel in braunen oder grünen Flaschen aufbewahrt werden.

Das Rezept für das berühmte Rote Johannisöl finden Sie auf Seite 47.

Grüne Kräuter im Winter

Eine vitaminreiche Wohltat sind frische grüne Kräuter in den langen Wintermonaten. Kluge Gärtner säen deshalb immer rechtzeitig diejenigen Würzpflanzen aus, die selbst unter dem

Für Kräuteressig eignen sich die folgenden Kräuter einzeln oder in Mischungen: Estragon, Dill, Zitronenmelisse, Basilikum und Kapuzinerkresse. Für Kräuteröle können Sie unter anderem Majoran, Thymian, Eberraute, Salbei, Rosmarin, Pfefferminze, Dill, Lavendel, Knoblauch und Johanniskraut verwenden.

Das kräftig-würzige Sommeraroma vieler Kräuter lässt sich gut in Essig und Öl konservieren. Die hübschen Flaschen mit dem köstlichen Inhalt sind in der eigenen Küche ebenso begehrt wie als Gastgeschenk.

Schnee grün bleiben. Petersilie, Löffelkraut und Barbarakraut gehören dazu. In milden Wintern bleiben auch ein paar Blättchen von Pimpinelle, Sauerampfer und Winterportulak am Leben. Legen Sie einige Kiefernzweige über diese Kräuter, dann können Sie auch bei Schneewetter ernten.
Im Übrigen gilt es, rechtzeitig vorzusorgen. Graben Sie im Spätherbst einen Schnittlauchballen aus. Lassen Sie ihn so lange auf dem Beet liegen, bis er einmal tüchtig durchgefroren ist. Danach topfen Sie den Ballen ein. Auf einer hellen, nicht zu warmen Fensterbank treibt er dann über Winter würzige grüne Halme.
Auch Basilikum, das im Blumentopf ausgesät wurde, gedeiht

Wenn Sie rechtzeitig einen Schnittlauchballen ausgraben, können Sie ihn eintopfen und später auf der Fensterbank ernten.

Im Winter sind frische Vitamine rar. Die schnell wachsende Kresse sorgt für frisch-grünen Nachschub.

noch eine Zeit lang auf einer warmen Fensterbank und liefert aromatische Blätter für die Küche. Besonders einfach und erfolgreich ist die Kresse-Aussaat. Streuen Sie die Samen auf ein feuchtes Küchenpapier, das Sie in Teller oder Schalen legen. Auch kleine Töpfe mit nassem Sand eignen sich als Wurzelgrund für das bescheidene Kraut. Kresse keimt und wächst so schnell, dass Sie dabei fast zusehen können. Schon nach 8–10 Tagen können Sie das würzige Grün mit dem typischen, etwas scharfen Kressegeschmack abschneiden. Für einen Kräutergärtner, der Fantasie und rechtzeitige Vorsorge verbindet, bleibt auf diese Weise auch der Winter eine zumindest teilweise grüne Jahreszeit.

Damit Sie auf den Geschmack kommen

Dies ist ein Kräuter-Garten-Buch. Es soll Ihnen vor allem beim Anbau und bei der Pflege der Heil- und Gewürzpflanzen im eigenen Garten helfen. Die Verwendung der frischen oder getrockneten Kräuter in der Küche ist ein Thema, mit dem man viele weitere Bücher füllen könnte. Auch die Zusammen-

stellung von Heiltees oder selbst zubereiteten Ölen, Tinkturen und Salben für die Hausapotheke ist ein großes Wissensgebiet.

Kleine Rezept-Auswahl

Ich möchte Ihnen an dieser Stelle nur eine kleine Auswahl von Rezepten vorstellen. Nehmen Sie sie als Anregung für eigene Experimente und weiterführende Lektüre. Die folgenden Beispiele sollen Sie nur dazu verführen, auf den Geschmack zu kommen. Ich bin sicher, wenn Sie erst einmal davon gekostet haben, dann wird Sie diese duftende, wohlschmeckende »Hexenküche« nie wieder loslassen.

Bunter Sommersalat
Mischen Sie Kopfsalat oder Eissalat mit frischen Gurkenscheiben und Tomatenstückchen. Für die Marinade verrühren Sie 3 EL gutes Pflanzenöl und 1 EL Weinessig. Würzen Sie mit Salz, wenig Pfeffer und einer kleinen Zehe Knoblauch. Dann fügen Sie 1–2 Hand voll frische, klein geschnittene Kräuter hinzu, so, wie die Jahreszeit sie gerade bietet. Die folgenden Kräuterkombinationen passen gut zusammen:

Die essbaren Blüten von Kapuzinerkresse, Gänseblümchen, Veilchen und Dill verleihen dem Salat eine heitere, sommerliche Note. Hier wurden auch noch Wildkräuter wie Spitzwegerich und Gundelrebe dazugemischt.

echte Johannisöl eine leuchtend blutrote Farbe. Dann wird es abgefiltert.

Bewahren Sie Ihr wertvolles Rotöl kühl und dunkel auf; es heilt kleine Brandwunden und Sonnenbrand. Bei rheumatischen Schmerzen können Sie die Muskeln damit einreiben. Innerlich hilft Johannisöl gegen Nervosität und leichte Depressionen. Dazu müssen Sie 6 Wochen lang drei Mal täglich 1 TL voll Öl schlucken. In dieser Zeit dürfen Sie sich nicht in die

Blutrot färbt sich das heilkräftige Öl aus Johannisblüten, wenn es mehrere Wochen in der Sonne gestanden hat.

- Schnittlauch, Boretsch, Pimpinelle und Zitronenmelisse
- Boretsch, Dill und Zitronenmelisse
- Tripmadam, Pimpinelle, Estragon, Boretsch, Eberraute und Ysop
- Basilikum und Zitronenmelisse

Mischen Sie die frischen Kräuter mit der Marinade, und fügen Sie nach Geschmack saure oder süße Sahne hinzu. Kurz vor dem Servieren geben Sie den gemischten Salat unter die Soße und dekorieren ihn mit blauen Boretschblüten, Gänseblümchen und Kapuzinerkresseblüten.

Rotes Johannisöl

Die Blüten und auch die Blätter des Johanniskrautes werden ab Ende Juni *(Johanni)* gepflückt, sorgfältig verlesen und in Flaschen gefüllt. Übergießen Sie Blätter und Blüten mit bestem, kaltgeschlagenem Olivenöl, und verschließen Sie die Flaschen dicht. Wichtig ist, dass das Öl alle Pflanzenteile ganz bedeckt. Dieser Ansatz muss 5–6 Wochen auf einer warmen, sonnigen Fensterbank stehen. Schütteln Sie Öl und Pflanzen jeden Tag kräftig durcheinander. Langsam beginnt sich der Inhalt rot zu färben. Zum Schluss zeigt das

An kalten Wintertagen hilft der aromatische Kräutertee aus den getrockneten Vorräten gegen mancherlei Beschwerden.

vorher unbedingt entfernt werden! Für diese erste Hilfe aus dem Kräutergarten eignen sich: Zitronenmelisse, Balsamkraut, Spitzwegerich und frischer Zwiebelsaft. Die Schmerzen lassen rasch nach, und Schwellungen werden meist rechtzeitig verhindert.

Salbeitee gegen Halsschmerzen

Die silbergrauen Blätter des Salbeistrauches wirken leicht zusammenziehend. Sie sind ein ausgezeichnetes Mittel gegen Halsschmerzen. Für eine Tasse Tee brauchen Sie 1 TL voll getrocknetes Kraut. Gießen Sie heißes Wasser darüber, und las-

sen Sie den Aufguss zugedeckt 5–10 Minuten ziehen. Trinken Sie den herb-würzigen Salbeitee, mit Honig gesüßt, schluckweise und langsam. Wenn das Getränk etwas abgekühlt ist, können Sie es auch ungesüßt zum Gurgeln benutzen.

Genießen Sie Spezialitäten aus aller Welt

Nie war das Angebot an Gewürz- und Heilpflanzen so verschwenderisch und verlockend wie heute. Kostbarkeiten aus

Sonne legen – Johannisöl macht lichtempfindlich!

Kräuter gegen Insektenstiche

Frische Kräuter aus dem Garten mildern die Schmerzen eines Bienen- oder Mückenstichs, wenn sie sofort angewendet werden. Zerdrücken Sie sie ein wenig zwischen den Fingern, so dass der Saft austritt, und reiben Sie die Einstichstelle damit ab. Sie können die Blätter auch noch einige Zeit auf der kleinen Wunde liegen und einwirken lassen. Der Stachel muss aber

Kräutergärtner werden zu leidenschaftlichen Sammlern, wenn sie erst einmal die lockende Fülle des neuen Angebotes entdeckt haben. Spezialitäten aus aller Welt stehen für jeden Garten bereit. Sehr reizvoll sind zum Beispiel die buntblättrigen Salbeisorten, die wie Schmuckstücke im Grün der Beete leuchten.

allen Ecken der Erde werden von Kennern gesammelt und in Spezialgärtnereien vermehrt. Jeder, der ein Kräutergärtchen sein Eigen nennt, kann davon profitieren und aus dieser duftenden Fülle auswählen, was das Herz begehrt. Schon mancher wurde darüber zum leidenschaftlichen Sammler.

Minzen

Wo es früher nur die gute alte Pfefferminze gab, allenfalls ergänzt durch Wollminze, Bachminze und Poleiminze, da breiten sich jetzt auf vielen Katalogseiten 1001 Wohlgerüche aus: Unwiderstehlich locken Schokominze, Bergamotteminze, Süße Lemonenminze, Orangenminze, Ananasminze, Persische Minze, Thai-Minze und Marokkanische Minze.

Basilikum

Beim königlichen Basilikum ist das Angebot mindestens ebenso verführerisch: Griechisches Buschbasilikum, rotes Basilikum, Zitronenbasilikum, Anisbasilikum, Zimtbasilikum, Heiliges Basilikum, Afrikanisches, Türkisches, Ostindisches und Kubanisches Basilikum machen die Wahl zur Qual. Und es gibt noch viel mehr Arten und Sorten!

Salbei

Ganz besonders groß ist auch die internationale Vielfalt im Salbei-Sortiment. Der Gewürzsalbei *(Salvia officinalis)* hat eine Schar reizvoller Verwandter um sich versammelt, die rosa oder weiß blühen oder sich mit wunderschönen farbigen Blättern schmücken. Hinzu kommen mittelamerikanische Salbeiarten, die betörend duften und Blüten in leuchtenden Rottönen entfalten. Dazu gehören zum Beispiel der Ananassalbei, der Honigmelonensalbei und der großblättrige Fruchtsalbei. Das Sortiment enthält aber noch zahlreiche andere Raritäten wie Indianischen Räuchersalbei, Aztekensalbei und Chinesischen Heilsalbei.

Origano und Thymian

Ähnlich abwechslungsreich ist inzwischen auch das Angebot bei Origano und Thymian. Die Wahl zwischen internationalen Gewürzspezialitäten wie Mexikanischem, Griechischem, Kirgisischem und Syrischem Origano fällt nicht leicht. Das Thymian-Sortiment bietet neben dem seit langem bekannten Deutschen und Französischen Thymian so verlockende Duft-

Probieren Sie einmal einen Tee aus frisch gepflückten Blättern von Zimtbasilikum, Orangenminze, Zitronenverbene und Ananas- oder Honigmelonensalbei. Wer diese Köstlichkeit einmal erlebt hat, wird sich selbst und seine Gäste immer wieder damit verwöhnen. An heißen Sommertagen schmeckt dieser fruchtige Tee auch sehr gut gekühlt.

noten wie Zitronen-, Orangen-, Lavendel-, Kampfer- oder Kümmelthymian.

Eine attraktive Kreuzung aus rotem Basilikum und Kampferbasilikum ist die Sorte 'African Blue'.

Samtig weich fühlen sich die großen, behaarten Blätter der Pfefferminz-Pelargonie an. Bei jeder Berührung verströmen sie einen intensiven Minzeduft.

Duftblatt-Pelargonien

Wer in Wohlgerüchen schwelgen möchte, der kann nicht an dem riesigen Angebot von Duftblatt-Pelargonien vorbeigehen. Was vor 20 Jahren noch eine altmodische, nur selten aufzutreibende Rarität war, wird heute in großen Mengen und unzähligen Duftvariationen angeboten – ein Eldorado für Sammler. Schnuppern Sie sich durch die aromatische Blätterfülle von Rosen-, Zitronen-, Pfefferminz-, Muskat-, Ingwer- und Kiefern-Duftblatt-Pelargonien.

Bei jeder Berührung steigen Wolken von Wohlgerüchen aus den Blättern auf. Frisch gepflückt eignen sie sich zum Würzen, getrocknet bereichern sie mit haltbaren Düften Kräuterkissen und Potpourris.

Zitronenkräuter

Manche Kräuterliebhaber spezialisieren sich nicht auf eine Pflanzenart, sondern auf eine besondere Aromanote, zum Beispiel Zitrone. Auch dafür gibt es eine Fülle von Schätzen, vom Zitronenthymian über das Zitronengras, die Zitronenmelisse, die Zitronenminze, das Zitronenbasilikum bis zur Zitronenverbene mit ihrem wunderbaren klaren Zitrusaroma. Früher hieß sie *Lippia citriodora,* heute wird sie als *Aloysia triphylla* geführt.

Zum Wohlgeruch, der aus den Blättern der Rosenpelargonie aufsteigt, gesellen sich im Frühling leuchtend rosa Blüten.

Kräuter-Abenteuern machen möchten, brauchen Sie nur das Bezugsquellen-Verzeichnis aufzuschlagen. Dort finden Sie eine Auswahl guter Kräutergärtnereien mit zahlreichen Spezialitäten. Genießen Sie die Fülle des würzigen Angebotes und die wunderbaren Erfahrungen, die Sie damit im Garten und in der Küche machen können.

Eine erlesene Zitrusduft-Gesellschaft ist hier versammelt: Zitronengras, Zitronenthymian, Zitronenpelargonie, Zitronenminze und Zitronenverbene (von links nach rechts).

auf einen blick

- Kräuter müssen zum richtigen Zeitpunkt geerntet werden, wenn sie den höchsten Gehalt an Inhaltsstoffen besitzen.
- Je nach Pflanzenart werden Blüten, Blätter, Samen oder Wurzeln verwendet.
- Sie können die Kräuter für längere Zeit haltbar machen durch Trocknen oder Einlegen in Essig und Öl.
- Einige wenige Kräuter bleiben den Winter über grün und können im Garten frisch geerntet werden. Andere halten sich im Blumentopf auf der Fensterbank.
- Verwenden können Sie die würzigen Kostbarkeiten in der Küche oder in der Hausapotheke.
- Für Genießer werden verlockende Spezialitäten aus aller Welt angeboten.

Altmodische Schätze

Bei der Suche nach neuer Würze wurde auch so mancher verschollene Schatz aus Großmutters Zeiten wieder entdeckt. Der herb duftende Muskatellersalbei *(Salvia sclarea)* gehört zu den »Fundstücken«, die heute wieder geschätzt werden. Besonders schön ist die alte Sorte 'Piemont' mit ihren kräftig gefärbten Blütenständen. Der rot geäderte Blutampfer *(Rumex sanguineus)* lohnt ebenso die Wiederentdeckung im Garten wie die stark duftende Eberraute *(Artemisia abrotanum)* und das balsamische Marienblatt *(Tanacetum balsamita)*. Alle diese neuen und alten Duftkräuter bereichern die Küche mit aparten Würznoten. Viele eignen sich auch für aromatische Teemischungen. Heilkräftige Wirkstoffe enthalten sie fast alle. Wenn Sie jetzt neugierig geworden sind und sich auf die Suche nach den aufregendsten

Die besten Kräuter für den Garten

Auf den folgenden Seiten sind die wichtigsten Gewürz- und Heilpflanzen beschrieben, die Sie im Garten anpflanzen können. Sie finden in den Einzel-Porträts Hinweise auf die Herkunft, die Gestalt und die Eigenarten der Pflanzen, außerdem Tipps für den Anbau, die Ernte und die Konservierung.

Einjährige Kräuter

Basilikum
Ocimum basilicum

Andere Namen: Königskraut, Hirnkraut, Balsam, Krampfkräutel, Bienenweide.

Herkunft: Die Urheimat des Basilikums liegt wahrscheinlich im tropischen Vorderindien. Das Kraut ist aber schon seit Jahrtausenden auch im Orient und in den Mittelmeerländern zu Hause. Über die Alpen gelangte es etwa im 12. Jahrhundert.

Botanischer Steckbrief: Basilikum gehört in die Familie der Lippenblütler (Labiatae). Die Pflanze wächst stark verzweigt. Die Stängel sind kantig, die Blätter länglich oval und leicht gewölbt. An den Triebspitzen

◀ Würzige Blätter und farbenfrohe Blüten-Kräuter sind Augenweide und Gaumenfreude zugleich.

öffnen sich von Juli bis September elfenbeinweiß bis rosa gefärbte Blüten, die Scheinquirle bilden. Je nach den Klimabedingungen wächst das Basilikum 15–60 cm hoch. Es gibt eine große Auswahl verschiedener Arten und Sorten des Krautes.

Kultur im Garten: Sie können zwischen kleinblättrigem und großblättrigem Basilikum wählen. Die zierlichere Sorte ist feiner im Aroma, die große kann dafür mehr Widerstandskraft bieten. Im Handel werden auch rotblättrige Sorten angeboten. Außerdem gibt es eine Fülle verlockender Duftvariationen, zum Beispiel Zimtbasilikum, Zitronenbasilikum und Anisbasilikum. Aus weit entfernten Ländern kommen würzige Spezialitäten wie Thai-Basilikum, das Heilige Basilikum aus Indien, das Mexikanische Gewürzbasilikum, das Kampferbasilikum aus Afrika und das Türkische Buschbasilikum. Bezugsquellen für solche Würz-Schätze finden Sie im Anhang.

Rotblättrige Basilikumsorten verleihen Salaten nicht nur eine feurige Würze, sondern auch eine exotisch-dekorative Note.

Säen Sie das wärmebedürftige Basilikum von März bis April auf einer warmen Fensterbank oder im Gewächshaus aus. Basilikum ist ein Lichtkeimer; die Samen werden nur wenig mit Erde bedeckt; sie keimen rasch. Setzen Sie die jungen Pflanzen büschelweise in kleine Töpfe um. Sie dürfen ausnahmsweise etwas tiefer in die Erde gedrückt werden, damit sie Halt bekommen. Ab Mitte Mai können Sie das Basilikum an eine warme, geschützte Stelle ins Freiland pflanzen. Das Kraut liebt humusreichen, etwas sandigen Boden und muss bei Trockenheit

Das wärmebedürftige Basilikum gedeiht gut in Töpfen auf der Fensterbank.

reichlich gegossen werden. Halten Sie einen Abstand von 25 × 25 cm ein. Wenn Sie den Pflanzen frühzeitig die Mittelspitze herausbrechen, verzweigen sie sich besser. Es lohnt sich immer, einen Teil des Basilikums in große Töpfe zu pflanzen. In kühlen, verregneten Sommerwochen gedeiht das Kraut auf der Fensterbank besser als im Garten.

Basilikum ist ein edles Kraut, das früher auch Königsbalsam genannt wurde. Die Blätter sind reich an ätherischen Ölen. Ein Tee aus Basilikum wirkt krampflösend; er stärkt den Magen, regt den Appetit an und lindert Blähungen.

Ernte und Konservierung: Junge, frische Blätter können Sie jederzeit für die Küche pflücken. Ältere Blätter schmecken etwas scharf. Sie können Basilikum vor der Blüte trocknen, aber es verliert dabei den größten Teil seines feinwürzigen Aromas. Überwintern Sie lieber einen Topf mit frischem Kraut auf der Fensterbank.

Bohnenkraut
Satureja hortensis

Andere Namen: Pfeffer-, Wurst-, Käsekraut, Sommersaturei, Josefle.
Herkunft: Das Bohnenkraut stammt aus den Mittelmeerländern. Bereits die Römer verwendeten das kräftig-würzige Kraut. Mönche brachten es im 9. Jahrhundert über die Alpen nach Mitteleuropa. Seit Jahrhunderten ist das Bohnenkraut auch bei uns ein volkstümliches Gewürz.

Botanischer Steckbrief: Bohnenkraut gehört in die Familie der Lippenblütler (Labiatae). Die Pflanze bildet eine kräftige Hauptwurzel und reichverzweigte Stängel. Die dunkelgrünen, schmalen Blätter sind leicht behaart. Von Juli bis Oktober öffnen sich in den Blattachseln kleine rosa, weiße oder blasslila Blüten, die Scheinähren bilden.
Kultur im Garten: Im April können Sie das Bohnenkraut im

Ernten Sie das Bohnenkraut zum Trocknen, wenn es zu blühen beginnt. Sie können auch ein paar Zweige zusammen mit grünen Bohnen einfrieren.

Frühbeet oder unter Folientunneln aussäen, ab Mai gedeiht es auch im Freiland. Das Kraut liebt warmen, lockeren Humus und viel Sonne. Die Reihen benötigen 20–25 cm Abstand. Wenn Sie reichverzweigte, kleine Sträucher haben möchten, verziehen Sie die jungen Pflanzen auf 25–30 cm Abstand. Bohnenkraut ist ein Lichtkeimer, deshalb werden die feinen Samen nur dünn mit Erde bedeckt. Säen Sie das Kraut Anfang Juni noch einmal aus, dann haben Sie immer frische, würzige Vorräte. Bohnenkraut verträgt, wenn es gut eingewurzelt ist, auch Trockenheit. Das Kraut wird 30–40 cm hoch.

Ernte und Konservierung: Frische Blätter und Zweige können Sie jederzeit pflücken. Kurz vor und während der Blüte ist das Aroma am kräftigsten, dann schneiden Sie das Bohnenkraut, bündeln es zu Sträußen und hängen es zum Trocknen auf. Es behält seine kräftige Würze lange Zeit.

Eine blaublütige Schönheit im Kräutergarten ist der Borretsch. Auch bei Bienen und Hummeln erfreut sich das Kraut großer Beliebtheit. Verwenden Sie nur weiche, junge Blätter, und streuen Sie die hübschen Blütensterne über den Salat.

Borretsch
Borago officinalis

Andere Namen: Gurkenkraut, Herzfreude, Wohlgemutsblume, Himmelsstern.

Herkunft: Wahrscheinlich stammt der Borretsch aus den Mittelmeerländern. Die Araber brachten ihn nach Spanien, und von dort wanderte er nach Mitteleuropa.

Botanischer Steckbrief: Der Borretsch gehört zur Familie der Raublatt- oder Borretschgewächse (Boraginaceae). Er treibt kräftige Wurzeln tief in den Boden. Die Pflanzen verzweigen sich sehr breit. Die Stängel sind rau behaart und sehr saftreich. Die elliptisch geformten Blätter besitzen ebenfalls auf beiden Seiten eine haarige Oberfläche, wie der Familienname schon sagt. Junge Blätter fühlen sich samtweich und saftig an; ältere Blätter werden hart und rau.

Am Ende der Stängel entfaltet der Borretsch während des ganzen Sommers himmelblaue, manchmal auch rosa oder weiße Blütensterne.

Kultur im Garten: Ab April können Sie die großen, eckigen

Die hübschen Blütensterne des Borretsch sind ebenfalls essbar. Streuen Sie sie als Dekoration über Sommersalate und kalte Platten. Aus frischen Blättern und Blüten können Sie einen herzstärkenden Tee aufgießen.

Samen des Borretsch im Freiland aussäen. Das Kraut gehört zu den Dunkelkeimern, deshalb werden die Körner sorgfältig mit Erde zugedeckt. Säen Sie nicht in Reihen, sondern breitwürfig auf einer möglichst großen Fläche. Später entfernen Sie alle dicht stehenden Pflänzchen; ihre zarten Blätter wandern in die Salatschüssel.

Borretsch entwickelt sich zu kräftigen, breitverzweigten Pflanzen, die viel Platz brauchen. Unter guten Bedingungen erreichen sie 80 cm Höhe. Bei zu engem Stand besteht die Gefahr von Mehltau- und Läusebefall. Junge Pflanzen lassen sich nicht gut versetzen. Die lange, dünne Pfahlwurzel wächst nur mühsam wieder an.

Die vitalen, saftstrotzenden Borretschpflanzen lieben nährstoffreichen, feuchten Humus. Ein Schuss Brennnessel-Jauche bekommt ihnen gut. Reichlich

Licht und Luft sind wichtig für gesundes Wachstum. Wo es sich wohl fühlt, da gedeiht dieses Kraut fast wie Unkraut. Es samt sich von selbst aus und wandert durch den ganzen Garten. Achten Sie immer darauf, dass der Borretsch zartere Pflanzen nicht überwuchert. In den Blattachseln bilden sich immer wieder junge, weiche Blätter. Wer mehrmals nachsät, braucht sich um zarten Nachwuchs nicht zu sorgen.

Ernte und Konservierung: Frische, samtige Blätter können Sie nach Bedarf pflücken. Sie müssen sofort verwendet werden, weil das Kraut rasch welkt. Konservierung lohnt sich kaum; Sie können es höchstens mit dem Einfrieren versuchen.

Dill
Anethum graveolens

Andere Namen: Dillfenchel, Gurkenkräutel.

Herkunft: Der Dill stammt vermutlich aus Südosteuropa und dem Vorderen Orient. Er gehört zu den ältesten Gewürz- und Heilkräutern. Schon zur Zeit Karls des Großen wurde der Dill auch bei uns kultiviert.

Botanischer Steckbrief: Dill gehört zur Familie der Dolden-

blütler (Umbelliferae). Er bildet eine lange Pfahlwurzel. Der Stängel ist hohl; die gefiederten Blätter umfassen ihn mit ihren Blattscheiden. Von Juni bis August sind die Pflanzen von gelben, strahlenförmigen Blütendolden gekrönt. Die Samen sind länglich-rund und enthalten zwei Körner. In seiner ganzen Gestalt ähnelt der Dill dem Tee-

Wo der Dill sich wohl fühlt, da kann er eine stattliche Höhe erreichen. Das Kraut mit den filigranen Blättern und den hübschen Blütendolden ziert auch den Blumengarten.

fenchel, er ist aber etwas feingliedriger.

Kultur im Garten: Ab April können Sie den Dill im Freiland aussäen. Das Kraut liebt gleichmäßig feuchten Humus, der aber locker und durchlässig sein muss. Oberirdisch braucht es viel Sonne. Die Reihen benötigen 25–30 cm Abstand. Die Pflanzen mit den langen Pfahlwurzeln lassen sich nur schwer versetzen. Lichten Sie besser die Reihen aus, wo dies nötig erscheint. Säen Sie noch ein- oder zweimal nach, um lange frisches Kraut ernten zu können. Vor allem in der Einmachzeit werden Sie den Dill reichlich brauchen. Wo es ihm gefällt, da wächst das duftige Kraut bis zu 1,50 m hoch.

Für feuchten Boden sorgen in der Sommerzeit Mulchdecken aus Gras. Sehr gut gedeiht der Dill auch zwischen Gurkenranken.

Ernte und Konservierung: Frische Dillblätter können Sie vom Frühsommer bis zum Herbst pflücken. Die Dolden mit den Dillsamen werden getrocknet, wenn sie sich im Herbst braun färben. Blätter und Blüten können Sie beim Einlegen von Gurken verwenden. Grünes Dillkraut können Sie jederzeit einfrieren.

Kamille
Matricaria recutita
(Syn.: *Chamomilla recutita*)

Andere Namen: Echte Kamille, Mutterkraut, Mägdeblume.
Herkunft: Ursprünglich kommt die Kamille aus Südeuropa; heute ist sie in ganz Europa als wild wachsendes Kraut in verschiedenen Arten verbreitet.
Botanischer Steckbrief: Die Kamille bildet eine verzweigte Pflanze mit zartgefiederten Blättern, die in die Familie der Korbblütler (Compositae) gehört. An den Enden der Stiele erscheinen von Juni bis September Blumen mit weißen Strahlenblüten am Rand und gelben Röhrenblüten in der Mitte.
Bei der Echten Kamille hängen die äußeren weißen Blütenblätter nach der Befruchtung nach unten. Ein wichtiges Erkennungsmerkmal: Wenn Sie ein Blütenköpfchen aufbrechen, dann zeigt es am Boden einen kegelförmigen Hohlraum. Wo sie nicht durch Unkrautvernichtung vertrieben wurde, da wächst die Echte Kamille gern in Getreidefeldern, an Acker- und Wegrändern. Nicht heilkräftig sind die Ackerhundskamille und die Geruchlose Kamille.
Kultur im Garten: Im April können Sie die Kamille in Reihen

In der Gesellschaft von Mohn, Kornblumen und Kornrade wirkt die Kamille so natürlich wie früher am Feldrain.

mit 30–40 cm Abstand, als Einfassung eines Beetes oder breitwürfig aussäen. Samen gibt es im Fachhandel. Die Pflanzen sind anspruchslos. In voller Sonne und auf humusreichen, leicht lehmigen Böden gedeihen

Die Kamille ist kein Würzkraut, sie wird nur als Heilpflanze verwendet. Die duftenden Blüten sind reich an ätherischen Ölen; sie enthalten auch Glykoside, Flavone, Cumarine und Bitterstoffe. Das Kraut wirkt entzündungshemmend, krampflösend und antibakteriell. Kamillentee bewährt sich besonders bei Magen- und Darmbeschwerden. Ein Kamillendampfbad lindert Erkältungssymptome.

sie am besten; dort finden sie ähnliche Bedingungen wie auf einem Weizenfeld. Wo die Pflanzen zu dicht stehen, werden sie ausgelichtet auf mindestens 20 cm Abstand, damit sie sich gut verzweigen können. Die Kamille wächst 20–50 cm hoch.
Ernte und Konservierung: Während der Blütezeit werden regelmäßig die Blütenköpfchen bei sonnigem Wetter eingesammelt. Trocknen Sie sie sorgfältig und langsam auf luftigen Rosten (keine Metallgitter!). Die Blüten müssen locker ausgebreitet werden und dürfen nicht aufeinander liegen.

Das Kerbelkraut wächst rasch und muss auch bald geerntet werden.

Kerbel
Anthriscus cerefolium

Andere Namen: Körbel, Suppenkraut.
Herkunft: Die Heimat des Kerbels liegt in Südeuropa und Westasien. Von dort gelangte er in die Mittelmeerländer. Wahrscheinlich brachten ihn bereits römische Legionäre über die Alpen nach Germanien.
Botanischer Steckbrief: Der Kerbel gehört in die Familie der Doldenblütler (Umbelliferae). Er ist mit Möhren und Petersilie verwandt. Aus dünnen, spindelförmigen Wurzeln wächst ein hohler, gerillter Stängel. Die Pflanzen verzweigen sich und bilden hellgrüne, drei- bis vierfach gefiederte Blätter. Aus den Blattachseln wachsen lange Stiele, an deren Spitzen sich von Mai bis August zarte weiße Blütenschirme öffnen.
Kultur im Garten: Kerbel ist nicht empfindlich und kann deshalb schon ab März bei günstigem Wetter ausgesät werden. Die Reihen brauchen 10 cm Abstand. Säen Sie dünn, denn ein Verpflanzen lohnt sich nicht. Das Kraut liebt lichten Schatten und mäßig feuchten Boden. Sonst ist es sehr anspruchslos.
Kerbel wächst rasch und kann

schon nach wenigen Wochen geschnitten werden. Er schießt aber auch schnell in Blüte. Wer das Kraut liebt, der sollte öfter eine neue Reihe aussäen. Sie können zwischen glattblättrigen und krausen Sorten wählen.
Ernte und Konservierung: Nur das frische, junge Kraut schmeckt gut und würzig. Schneiden Sie es auf jeden Fall vor der Blüte. Konservieren lohnt nicht. Ernten Sie von einigen Pflanzen Samen!

Knoblauch
Allium sativum

Andere Namen: Knubel, Knofel, Stinkerzwiebel, Gruserich.
Herkunft: Wahrscheinlich lag die Urheimat des Knoblauchs in Zentralasien. Aber seit Jahrtausenden ist er in vielen Ländern der Welt zu Hause: zum Beispiel in China, Japan, Indien, Ägypten, Griechenland und Italien. Bereits zur Zeit Karls des Großen wuchs er auch in den Gärten Germaniens.
Botanischer Steckbrief: Der Knoblauch ist ein Lauchgewächs (Alliaceae), das eng mit Zwiebeln, Schnittlauch und Porree verwandt ist. Streng genommen gehört er nicht zu den Kräutern. Als uralte Würz- und

An langen Blütenstielen bildet der Knoblauch unzählige Brutzwiebelchen.

Süden. Kaufen Sie lieber Knoblauchzehen im Fachhandel oder bei Kräuter-Versandfirmen. Dort werden auch Spezialitäten wie Schnittknoblauch, Chinesischer Knoblauch, Rocambole und Riesen-Knoblauch angeboten (Bezugsquellen finden Sie im Anhang, Seite 92).

Ernte und Konservierung: Die Knoblauchzwiebeln sind reif, wenn das Laub gelb und dürr wird. Heben Sie sie vorsichtig mit der Grabgabel aus der Erde. Trocknen Sie den Knoblauch 1–2 Tage in der Sonne. Dann streifen Sie die Erde ab und flech-

Der Chinesische Schnittknoblauch entwickelt außer würzigem Lauch auch anmutige weiße Blüten.

Heilpflanze darf er aber in keinem Kräutergarten fehlen. Der Knoblauch besteht aus einer Hauptzwiebel, die ringsum von leicht gebogenen Nebenzwiebeln, den so genannten Zehen, umgeben ist. Die ganze Zwiebel ist von trockenen, papierartigen Schalen umhüllt, die weiß, rosa oder lila gefärbt sein können. Die Wurzeln wachsen aus dem Boden der Knoblauchzwiebel. Oberirdisch bildet die Pflanze schmale, gebogene Blätter und runde Blütenstängel, die 30–90 cm hoch wachsen. Der kugelige weißrosa Blütenstand ist von einem gezipfelten Hüllblatt umgeben. Neben den meist unfruchtbaren Blüten bilden sich zahlreiche kleine Brutzwiebeln.

Kultur im Garten: Knoblauch braucht humusreichen, nahr-

haften Boden, der aber nicht frisch gedüngt sein darf. Wählen Sie einen freien, sonnigen Standort. Die einzelnen Zehen werden 5 cm tief in den Boden gesetzt. Zwischen den Pflanzen soll 15 cm Zwischenraum frei bleiben. Die Reihen benötigen 20 cm Abstand.

Sie können zwischen zwei Pflanzzeiten wählen: März bis April oder Oktober. Die frühe Kultur reift im August, etwa zusammen mit den Zwiebeln, die späte wird erst im folgenden Frühling geerntet. Auch die kleinen Brutzwiebeln können gepflanzt werden; sie benötigen 2 Jahre bis zur Reife. Wichtig für eine erfolgreiche Kultur ist gutes, keimfähiges Saatgut. Verwenden Sie möglichst keine »Zufallszwiebeln« aus der Küche oder aus dem Urlaub im

Wenn die Koriander-
samen braun sind,
fallen sie leicht aus.
Ernten Sie frühzeitig!

ten das Laub zu Zöpfen. An einem trockenen, kühlen Platz halten die Zwiebeln den ganzen Winter. Knoblauchzehen können Sie auch in Essig oder Öl einlegen.

Unter guten Bedingungen bildet der Koriander kräftige, blattreiche Büsche mit einer Fülle von weißrosa Blüten.

Koriander
Coriandrum sativum

Andere Namen: Schwindelkraut, Wanzendill, Krapfenkörner.
Herkunft: Der Koriander ist in den Mittelmeerländern und im Mittleren Osten zu Hause. Seit Jahrtausenden wird er bereits in Indien und China, in Ägypten und dem Orient benutzt. Die Römer brachten das Würzkraut über die Alpen.
Botanischer Steckbrief: Der Koriander gehört zur Familie der Doldenblütler (Umbelliferae). Er besitzt eine typische spindelförmige Wurzel und gerillte Stängel. Die Pflanzen verzweigen sich und bilden zwei unterschiedliche Blattformen aus: Die unteren Blätter sind dreilappig, die oberen feingefiedert. Von Juni bis Juli öffnen sich an den Zweigspitzen weißrosa Blütendolden. Die runden Samen bestehen aus zwei Halbkugeln.
Kultur im Garten: Bereits im April können Sie den Koriander ins Freiland säen. Er liebt lockeren, etwas kalkhaltigen Boden und viel Sonne. Die Körner sollen etwa 1 cm tief in der Erde liegen. Die Reihen benötigen 30 cm Abstand. Das Verpflanzen empfiehlt sich – wie bei allen Gewächsen mit dünner, langer Wurzel – nicht. Lichten Sie lieber die Reihen aus, so dass zwischen den Pflanzen 10–15 cm Zwischenraum entsteht. Im Übrigen ist das Kraut sehr anspruchslos; es wächst je nach Standort 30–70 cm hoch.
Ernte und Konservierung: Meist werden nur die Samen des Korianders verwendet. Schneiden Sie die Dolden rechtzeitig, bevor sie ganz trocken, braun und reif sind, sonst fallen die Körner leicht auf den Boden. Denken Sie dabei an genügend lange Stiele, damit Sie Sträuße zum Trocknen binden können. Die grünen Blätter haben einen eigenartigen Geruch, der an Wanzen erinnern

Wer die indische und asiatische Küche liebt, der braucht frisches Korianderkraut. Die Blätter sind auch in indischen Currymischungen enthalten. Profaner war die Verwendung im Mittelalter. Tabernaemontanus war überzeugt: »Grün Corianderkraut tödtet die Flöh und Wandtläuß.«

soll. Im Orient werden sie dennoch reichlich verwendet. Probieren Sie aus, ob Sie sie mögen.

Kresse
Lepidium sativum

Andere Namen: Pfefferkraut, Gartenkresse.
Herkunft: Die Kresse war ursprünglich im Vorderen Orient zu Hause. Schon zur Zeit Karls des Großen kannte man das Kraut auch nördlich der Alpen.

Blühende Kresse wird scharf und ungenießbar. Säen Sie jetzt neu aus.

Botanischer Steckbrief: Die Kresse gehört in die Familie der Kreuzblütler (Cruciferae). Aus einer langen, dünnen Hauptwurzel wachsen verzweigte bläulichgrüne Stängel. Die unteren Blätter sind länglich-eiförmig, die oberen verschiedenartig gefiedert. An den Spitzen der Stängel erscheinen kleine weiße Blüten. Die rötlich braunen Samenkörner liegen in kleinen Schoten.
Kultur im Garten: Kresse gehört zu den anspruchslosen Kräutern. Bereits im März können Sie die Samen ins Freiland ausstreuen. Die Reihen sollen 10 cm auseinander liegen. Kresse keimt rasch und wächst zügig. Wenn Sie dieses Kraut gern öfter verwenden möchten, dann säen Sie am besten alle 2–3 Wochen eine neue Reihe nach. Sobald die Kresse Blüten ansetzt, werden die Blätter scharf und ungenießbar. Bei Trockenheit müssen Sie das Kraut kräftig gießen. Sonnige und halbschattige Plätze sind gleichermaßen für die Kultur der anspruchslosen Kresse geeignet.
Ernte und Konservierung: Schneiden Sie immer frische, junge Blätter, solange das Kraut reicht. Konservierung lohnt sich nicht, da Sie Kresse jederzeit, auch im Winter, neu aussäen können.

Die kugeligen Blütenknospen des Majorans haben sich noch nicht geöffnet. Jetzt ist der beste Zeitpunkt, das süßwürzige Kraut zum Trocknen zu schneiden.

Majoran
Origanum majorana

Andere Namen: Mairan, Wurstkraut, Bratekräutche.
Herkunft: In den Ländern rund um das Mittelmeer ist der Majoran zu Hause. Dort bildet er mehrjährige kleine Sträucher. Im Altertum wurde das Kraut bereits von Ägyptern, Griechen und Römern benutzt. In die Länder nördlich der Alpen soll es erst im ausgehenden Mittelalter gelangt sein.
Botanischer Steckbrief: Der Majoran gehört in die Familie der Lippenblütler (Labiatae). Er bildet zierliche, verzweigte

Pflanzen mit vierkantigen, leicht behaarten Stängeln. Die typischen Blätter sind klein, eiförmig, graugrün gefärbt und behaart. Sie weisen zahlreiche Drüsen auf. Von Juni bis September bilden sich an den Spitzen der Zweige kugelige Blütenstände, die lange wie Knospen aussehen. Zwischen den grünen Hüllblättern verstecken sich rosa oder weiße Blüten.

Kultur im Garten: Majoran dürfen Sie erst ab Mai im Garten aussäen, wenn der Boden warm und locker ist. Im März oder April können Sie aber schon mit der Vorkultur auf der Fensterbank beginnen. Im Freiland braucht das Kraut einen sehr sonnigen Platz und durchlässigen, humusreichen Boden. Majoransamen ist sehr fein; er darf nur ganz dünn mit Erde überstreut werden. Die Reihen benötigen 20–25 cm Abstand. Setzen Sie später die jungen Pflänzchen büschelweise mit 15 cm Zwischenraum auseinander. Wenn er gut eingewurzelt ist, verträgt der Majoran auch Trockenheit. Sorgen Sie immer dafür, dass der Boden locker bleibt. Bei guter Pflege kann das Kraut 30–40 cm hoch werden.

Ernte und Konservierung: Frische Zweigspitzen können Sie vom Frühsommer bis zum spä-

ten Herbst pflücken, sobald die Pflanzen groß genug sind. Zum Trocknen schneiden Sie den Majoran, kurz bevor die kugeligen Knospen sich öffnen. In warmen Herbstwochen wächst oft noch eine zweite Ernte nach. Das Kraut behält seine intensive Würzkraft noch sehr lange. Sie können es auch in Öl einlegen.

Portulak
Portulaca oleracea

Andere Namen: Bürzelkraut. Kohlportulak.

Herkunft: Der Portulak stammt ursprünglich aus Vorderindien. Er kam schon früh in die Mittelmeerländer. Wann er ins nördliche Europa einwanderte, ist nicht genau bekannt. In den Kräuterbüchern des ausgehenden Mittelalters wird er als »Burtzelkraut« beschrieben.

Botanischer Steckbrief: Der Portulak gehört in die Familie der Portulakgewächse (Portulacaceae). Er treibt eine spindelförmige, verzweigte Wurzel in die Erde. Die Pflanze besteht aus verästelten, dickfleischigen Stängeln, die grünrötlich gefärbt sind. Auch die verkehrt eiförmigen Blätter sind saftreich und fleischig. An den Zweigspitzen erscheinen zwischen

den Blättern kleine gelbliche Blüten. Die Pflanzen erreichen 15–30 cm Höhe.

Kultur im Garten: Die feinen Samen des wärmebedürftigen Portulaks werden ab Mai ausgesät. Das Beet soll sonnig sein; etwas sandige, durchlässige Erde eignet sich am besten. Bedecken Sie die Saat nur sehr dünn mit gesiebtem Kompost. Die Reihen benötigen 20 cm Abstand. Sie können den Portulak dicht auflaufen lassen, wie Spinat, oder die Pflanzen auseinander setzen, damit sie sich verzweigen. Sie wachsen dann etwa 30 cm hoch. Das Kraut braucht viel Wasser, um seine

Aus den saftig-fleischigen Blättern des Portulaks können Sie Spinatgemüse oder Salat zubereiten.

saftreichen Blätter zu entwickeln. Sie können es öfter
nachsäen, um immer frische
Vorräte zu haben.
Ernte und Konservierung: Portulak entwickelt sich rasch. Ernten Sie stets die jungen, safti-
gen Blätter. Zum Konservieren
eignet sich das Kraut nicht. Sie
können höchstens versuchen,
einige Pflanzen im Herbst einzu-
topfen und auf die Fensterbank
zu stellen.

Ringelblume
Calendula officinalis

Andere Namen: Goldblume,
Sonnenwendeblume, Ringel-
rose, Regenblume, Jesusblume.
Herkunft: Die Ringelblume ist
in Asien und in den südeuropäischen Mittelmeerländern zu
Hause. Sie kam früh über die
Alpen und wurde bereits im Mittelalter in Kloster- und Bauerngärten gepflanzt.
Botanischer Steckbrief: Die Ringelblume gehört zur Familie der
Korbblütler (Compositae). Sie
besitzt kantige, stark verzweigte
Stängel, die leicht brechen.
Dann tritt ein klebriger Saft aus,
der streng und harzig riecht. Die
länglichen Blätter sind behaart.
Von Juni bis zum Frost öffnen
sich an den Spitzen der Zweige

Sonnengelbe Ringelblumen und himmelblaue Boretschblüten bringen den
sommerlichen Kräutergarten zum Leuchten.

gelbe oder orangefarbene
Strahlenblüten mit brauner
Mitte.
Kultur im Garten: Diese uralte
Heilpflanze und Bauerngarten-
blume ist sehr bescheiden. Sie
liebt zwar volle Sonne und nähr-
stoffreiche, etwas lehmige
Böden, nimmt aber auch mit
weniger günstigen Plätzen vorlieb. Die großen, krummen Sa-

menkörner dürfen Sie unbe-
sorgt ab März in die Erde legen.
Am besten säen Sie breitwürfig
und verpflanzen die Setzlinge
später mit 20–30 cm Abstand.
Die Ringelblume braucht keine
besondere Pflege. Nur zu dichter Stand und tiefer Schatten
schaden ihr.
Wenn Sie verblühte Blumen
stets herausschneiden, dauert

die Blütezeit länger. Im Spätsommer samen sich die Pflanzen von selber aus. Meist bleiben sie dem Garten jahrelang treu, ohne dass der Gärtner sie wieder zu vermehren braucht. Im Kräuter- und Heilpflanzengarten leuchten die Ringelblumen wie strahlende Abbilder der Sonne.

Ernte und Konservierung: Sehr junge, grüne Blätter und Blütenblättchen können Sie während des ganzen Sommers für den Salat pflücken. Von frisch aufgeblühten Ringelblumen werden die äußeren Blütenblätter abgezupft und getrocknet. Dazu breiten Sie sie vorsichtig und locker auf Rosten aus. Sie können die

Ringelblumen sind uralte Heilpflanzen. Sie enthalten ätherische Öle, carotinverwandte Farbstoffe, Bitterstoffe, Schleim, Saponine und Harz. In der Küche färben die Blütenblätter Suppen und andere Speisen gelb. Sie wurden früher als Safranersatz empfohlen. Tee aus Ringelblumenblüten wirkt blutreinigend und leicht krampflösend. Bekannt ist vor allem die Ringelblumensalbe, die sich als natürliches Wundheilmittel bewährt hat.

Blütenblätter auch mit Öl übergießen.

Winterportulak
Montia perfoliata

Andere Namen: Kleines Postelein, Kuba-Spinat.
Herkunft: In Amerika liegt die Heimat des Kuba-Spinates.
Botanischer Steckbrief: Der Winterportulak gehört zur Familie der Portulakgewächse (Portulacaceae). Ähnlich wie Feldsalat bildet er ein »Nest« von Blättern. Diese sind zum Teil spitz-eiförmig, zum Teil rundlich gebogen wie kleine Schüsselchen. Aus der Vertiefung in der Blattmitte wachsen im Frühling auf winzigen Stielen weiße Blütensternchen.
Kultur im Garten: Im April können Sie zum ersten Mal Winterportulak im Garten aussäen. Die feinen Samen werden nur dünn mit Erde bedeckt. Die Reihen benötigen 15 cm Abstand. Genau wie Feldsalat können Sie Winterportulak auch breitwürfig aussäen, so dass das Kraut wie ein Teppich das Beet bedeckt. Halten Sie die Erde immer gut feucht; dies ist der einzige Anspruch, den das Kleine Postelein stellt. Lichten Sie zu dicht stehende Pflanzen aus, damit

Wenn der Winterportulak blüht, können Sie Blätter und Blüten zu einem vitaminreichen Frühlingssalat anrichten.

die übrigen sich kräftig ausbreiten können.
Von August bis September können Sie noch einmal auf abgeernteten Flächen Winterportulak aussäen. Das Kraut bleibt über Winter grün. Schützen Sie es aber mit einer Decke aus Fichten- oder Kiefernreisig. Besonders empfehlenswert ist es, Winterportulak im Herbst in einem Frühbeet oder im ungeheizten Gewächshaus auszusäen. Dort wächst das Kraut bei mildem Wetter sogar über Winter weiter.
Ernte und Konservierung: Frische grüne Blätter können Sie zu jeder Jahreszeit ernten. Sie wachsen sogar öfter nach. Auch die blütengeschmückten Blätter sind essbar. Konservierung lohnt nicht, weil die Pflanzen wintergrün sind.

Zweijährige Kräuter

Kümmel
Carum carvi

Andere Namen: Wiesenkümmel, Brotkümmel, Köm, Kümmich.
Herkunft: Der Kümmel ist in ganz Europa ebenso heimisch wie in der Türkei, in Persien und in Nordafrika. Er wächst bei uns wild auf feuchten Wiesen. Kümmel zählt zu den ältesten bekannten Gewürzen.
Botanischer Steckbrief: Kümmel gehört in die Familie der Doldenblütler (Umbelliferae). Im ersten Jahr treibt er aus einer langen Pfahlwurzel eine niedrige Blattrosette. Im zweiten Jahr wachsen daraus lange, gerillte Stängel, die sich mehrfach verzweigen. Die Blätter sind zart gefiedert. Von Mai bis Juni öffnen sich an den Zweigspitzen weiße bis rosa gefärbte Doldenblüten. Die Fruchtkörner fallen, wenn sie reif sind, in zwei sichelförmige Samen auseinander.
Kultur im Garten: Sie können den Kümmel, wie die meisten zweijährigen Gewürze, im Frühling (April) oder im Sommer (Juli bis August) aussäen. Er liebt, wie auf der heimatlichen Wiese, feuchten, aber lockeren Boden. Etwas Algen-

kalk und Kompost bekommt den Pflanzen gut. Da der Kümmel ein Lichtkeimer ist, dürfen Sie die Saat nur dünn mit Erde zudecken. Die Reihen brauchen 30–35 cm Abstand. Das Gewürzkraut ist in unserem Klima heimisch und wächst ohne Schwierigkeiten. Es erreicht bis 1,20 m Höhe.
Ernte und Konservierung: Im Laufe des Sommers, wenn die Samen braun werden, schneiden Sie die Stiele ab, binden sie zu Sträußen und hängen den Kümmel zum Trocknen auf. Sie können einen Teil der Körner als Saatgut verwenden. Die übrige Kümmelernte wird gut verschlossen aufbewahrt und dient als Gewürz oder als Verdauungstee.

Löffelkraut
Cochlearia officinalis

Andere Namen: Löffelkresse, Skorbutkraut, Scharbocksheil.
Herkunft: Das Löffelkraut ist an den Küsten Nordeuropas zu Hause. Es wächst dort wild an feuchten, salzigen Stellen. Das vitaminreiche Kraut wurde schon früh gegen Mangelerscheinungen, wie den gefürchteten Skorbut, benutzt. Die Seefahrer schätzten es sehr auf langen Reisen.

Der Kümmel liebt feuchten Boden, dann entwickelt er sich zu kräftigen, hohen Büschen, die reich blühen und Samen ansetzen.

Botanischer Steckbrief: Das Löffelkraut gehört in die Familie der Kreuzblütler (Cruciferae). Es treibt eine dünne, lange Haupt-

Die typisch geformten Blätter entwickelt das Löffelkraut nur in der Rosette am Boden.

wurzel mit vielen Nebenwur-
zeln. An verzweigten, gefurch-
ten Stängeln wachsen im unteren Bereich die typischen
löffelförmigen Blätter. An den
oberen Stängeln sind die Blätter eiförmig. Im zweiten Jahr
schmückt sich das Löffelkraut
von Mai bis Juni mit weißen Blüten, die in dichten Trauben zusammenstehen.

Kultur im Garten: Ähnlich wie
am natürlichen Standort ist das
Löffelkraut auch im Garten sehr
anspruchslos. Es braucht feuchten Boden und gedeiht auch
im Halbschatten. Säen Sie die
Samen entweder im Frühling
(März bis April) oder im Spätsommer (August bis September)
im Freiland aus. Die Reihen
brauchen 20 cm Abstand. Die
Pflanzen werden 20–30 cm
hoch. Denken Sie im Sommer
daran, dass dieses saftreiche
Kraut nicht trocken stehen
möchte. Im Winter schützen Sie
die grünen Blätter mit einer
lockeren Decke aus Kiefernreisig. In dieser luftigen Höhle
können Sie sie auch bei Schnee
erreichen.

Ernte und Konservierung: Nur
die löffelartigen Blätter werden
frisch gepflückt und gleich verwertet. Konservierung ist nicht
nötig, da das Löffelkraut über
Winter grün bleibt.

Petersilie
Petroselinum crispum

Andere Namen: Peterle, Suppenkraut, Bittersilche, Garten-
eppich.
Herkunft: Die Heimat der Petersilie liegt in den südöstlichen
Mittelmeerländern. Das Kraut
war schon in der Antike bekannt
und beliebt. Karl der Große ließ
es bereits in Germanien anbauen. Heute ist die Petersilie
das am meisten verbreitete
Küchenkraut.

Botanischer Steckbrief: Die
Petersilie gehört zur Familie der
Doldenblütler (Umbelliferae).
Sie treibt eine lange, fleischige
Wurzel in den Boden und bildet
im ersten Jahr buschige Blätter,
die gefiedert oder »kraus« sind.
Im zweiten Jahr entwickelt sich
ein langer, kantiger Stängel, an
dem sich von Juni bis Juli grün-
lich-gelbe Blüten in einer Dolde
entfalten. Die Samen der Petersilie sind giftig!
Kultur im Garten: Das blattreiche Petersilienkraut liebt nahrhaften, durchlässigen Humus.

Die glattblättrige und die krausblättrige Petersilie gedeihen hier nebeneinander –
griffbereit zum Würzen von Salat und Gurken.

Suchen Sie einen feuchten, halbschattigen Platz aus, und bereiten Sie die Erde rechtzeitig mit Kompost und ein wenig organischem Dünger vor. Säen Sie das Kraut ab März im Freiland aus. Von August bis September können Sie noch einmal für grünen Nachwuchs sorgen. Die Reihen benötigen 10–15 cm Abstand. Das Kraut wird 20–30 cm hoch.

Petersilie keimt sehr langsam. Streuen Sie deshalb ein paar Radieschenkörner in die Saatreihen, die rasch wachsen und den Standort markieren; so können Sie Unkraut jäten, ohne die Samen aus Versehen auszukratzen. Bei warmem Wetter müssen Sie rechtzeitig gießen. Wählen Sie jedes Jahr einen anderen Platz für Ihre Petersilie, weil dieses Kraut mit sich selbst unverträglich ist. Ohne Fruchtwechsel kümmert es! Über Winter decken Sie die grünen Blätter mit Kiefernreisig zu.

Wenn die Petersilie trotz guter Pflege gelb und krank aussieht, sind oft Bodenälchen am Werk, die die Wurzeln zerstören. Hilfreich ist dann eine Mischkultur mit Tagetes.

Im Handel können Sie zwischen krausblättriger Petersilie und glattblättrigen Sorten wählen. Das üppig krause Kraut wird

Wenn Sie die Wurzelpetersilie rechtzeitig im Herbst ernten, liefert sie im Winter kräftige Würze für Braten und Eintopfgerichte.

gern zum Dekorieren benutzt, die einfache, glatte Bauernpetersilie schmeckt aber aromatischer.

Außerdem gibt es noch die Wurzelpetersilie. Die Kultur gleicht der der Blattpetersilie; Sie müssen die jungen Pflanzen aber auf 10 cm Abstand in der Reihe auslichten. Nur so entwickeln sich kräftige Wurzeln.

Ernte und Konservierung: Von der Blattpetersilie pflücken Sie während des ganzen Jahres frische Blätter. Erst wenn die

Pflanzen in Blüte schießen, werden sie bitter und unbrauchbar. Im Herbst können Sie auch einige Petersilienpflanzen eintopfen und auf die Fensterbank stellen. Einfrieren ist möglich, lohnt aber kaum, wenn Sie stets für frischen Nachschub im Freiland sorgen.

Die Wurzelpetersilie graben Sie im Spätherbst aus und schlagen sie dann entweder im geschlossenen Frühbeet oder im Keller in eine Sandkiste ein. Die Blätter werden vorher vorsichtig abgeschnitten. Das »Herz« muss aber erhalten bleiben, ähnlich wie bei Möhren oder Sellerie. So halten sich die Wurzeln über Winter und können nach Bedarf in die Küche geholt werden.

Die ganze Petersilienpflanze enthält den giftigen Petersilienkampfer Apiol. Deshalb sollte das Kraut nie in großen Mengen verwendet werden. Einige Würzblätter sind harmlos. Kritische Werte erreichen die Samenkörner der Petersilie. Sie sollten deshalb niemals gegessen werden. Achten Sie darauf, dass die Samentüten nicht von kleinen Kindern geöffnet werden.

Mehrjährige Kräuter

Baldrian
Valeriana officinalis

Andere Namen: Katzenkraut, Waldspeik, Mondwurzel.
Herkunft: Die Heimat des Baldrians liegt in Mitteleuropa, wo er an Bachufern, aber auch an Wiesen- und Waldrändern wild wächst. In Kleinasien und Mittelasien ist das Kraut ebenfalls zu Hause.

Botanischer Steckbrief: Baldrian stammt aus der Familie der Baldriangewächse (Valerianaceae). Aus einem verzweigten Wurzelstock wachsen gefurchte Stängel mit tief eingeschnittenen Fiederblättern. Von Juli bis August blüht der Baldrian. Die kleinen Blumen bilden duftige, weißrosa Trugdolden.

Kultur im Garten: An natürlichen Standorten kommt der Baldrian sowohl auf feuchten als auch auf trockenen Böden vor. So können Sie auch im Garten zwischen den vorhandenen Möglichkeiten wählen. Das Kraut gedeiht in der Sonne und im lichten Halbschatten. Geben Sie ihm reichlich Kompost. Pflanzen Sie den Baldrian mit 30–40 cm Abstand. Die Stauden werden 1–1,50 m hoch. Pflanzen bekommen Sie in Stauden- und Spezialgärtnereien. Wenn Sie behutsam vorgehen, dürfen Sie sich auch eine Staude am Wiesenrand ausgraben und sie im Garten durch Teilung vermehren.

Ernte und Konservierung: Von älteren, eingewachsenen Pflanzen trennen Sie im Herbst einen Teil der heilkräftigen Wurzeln ab. Diese werden gedörrt, wie es auf Seite 43 beschrieben ist. Der charakteristische Baldrian-

Der Baldrian bildet hübsche blühende Stauden. Verwendet werden aber nur die Wurzeln (kleines Bild). Achten Sie bei der Ernte darauf, dass die Pflanze nicht zu sehr geschwächt wird.

geruch, der alle Katzen anlockt, entfaltet sich übrigens erst beim Trocknen!

Balsamkraut
Tanacetum balsamita

Andere Namen: Marienblatt, Frauenminze, Schmeckblatt.
Herkunft: Das Balsamkraut stammt aus dem Orient. Es gehört zu den alten Pflanzen unserer Bauerngärten.
Botanischer Steckbrief: Das Balsamkraut zählt zur Familie der Korbblütler (Compositae). Der Wurzelstock ist weit verzweigt und bildet Ausläufer. Die Blätter sind länglich-eiförmig und am Rand gezähnt. Sie duften aromatisch und haben eine sanftgrüne Farbe. An langen Stielen öffnen sich im Spätsommer kleine gelbe Blütenköpfchen.
Kultur im Garten: Jungpflanzen bekommen Sie in gut sortierten Staudengärtnereien und bei Kräuterspezialisten. Später können Sie das Balsamkraut leicht durch abgetrennte Wurzelausläufer vermehren. Setzen Sie diese an einen sehr sonnigen Platz in möglichst trockenen, durchlässigen Boden. Mischen Sie notfalls Sand unter die Erde. Die Pflanzen breiten sich durch Wurzelausläufer stark aus. Setzen Sie sie deshalb 40–50 cm

auseinander. Die blühende Staude erreicht 60–80 cm Höhe; die Blätter wachsen nur halb so hoch.
Ernte und Konservierung: Zarte, grüne Blätter können vom Frühling bis zum Herbst frisch gepflückt werden. Vor der Blüte schneiden Sie die Blätter zum Trocknen.

Beifuß
Artemisia vulgaris

Andere Namen: Gänsekraut, Wilder Wermut, Frauenkraut.
Herkunft: Der Beifuß ist in ganz Europa zu Hause. Er wächst wild an Wegrändern und auf steinigen Hängen. Auch in Asien und Nordamerika ist dieses Kraut verbreitet.
Botanischer Steckbrief: Der Beifuß gehört in die Familie der Korbblütler (Compositae). Aus verzweigten Wurzeln wächst eine kräftige, stark verästelte, buschige Pflanze. Die verschiedenartig gefiederten Blätter sind auf der Oberseite grün, auf der Unterseite weißgrau gefärbt. Im August erscheinen an langen Rispen die gelblichen, kleinen Blütenköpfchen.
Kultur im Garten: Diese Staude ist als anspruchsloses Unkraut immer noch weit verbreitet. Oft finden Sie es an Baustellen oder

Das lange Zeit aus der Mode gekommene Balsamkraut sollte heute in keinem Kräutergarten fehlen. Die schlichten Stauden mit den aromatischen Blättern entfalten den Charme alter Bauerngärten.

Wegrändern, wo Sie sich ein paar Pflanzen mitnehmen können. Sie bekommen den Beifuß

Das altmodische Balsamkraut verströmt einen wunderbaren, leicht »minzigen« Duft. Sie können mit den Blättern Salat, Soßen und Geflügel würzen. Ein Tee aus frischen Blättern wirkt krampflösend. Das getrocknete Kraut hilft mit seinem aromatischen Geruch, die Motten zu vertreiben. Hängen Sie ein Sträußchen in den Kleiderschrank!

auch in Spezial-Kräutergärtnereien. Setzen Sie das Kraut in möglichst magere Erde. Etwas Kalk bekommt ihm gut. Im Übrigen ist der Beifuß vollkommen anspruchslos. Er wird 1–1,50 m hoch.

Ernte und Konservierung: Solange die Blütenknospen noch

Beifußstauden blühen im Sommer überreich. Schneiden Sie die Zweigspitzen zum Trocknen, bevor sich die Knospen öffnen.

geschlossen sind, schneiden Sie die oberen Zweige ab und hängen sie zum Trocknen auf. Die Blätter werden später getrennt aufbewahrt und als Tee benutzt. Die getrockneten Blüten können Sie als Küchengewürz verwenden.

Bergbohnenkraut
Satureja montana

Andere Namen: Winterbohnenkraut, Winterbergminze.
Herkunft: Bergbohnenkraut ist in den Mittelmeerländern zu Hause.
Botanischer Steckbrief: Das mehrjährige Bohnenkraut gehört in die Familie der Lippenblütler (Labiatae). Der stark verästelte kleine Strauch wächst aus einem verzweigten Wurzelstock. An den holzigen Zweigen sitzen schmale, dunkelgrüne Blätter. An der Spitze öffnen sich im Sommer zierliche weißlich, rosa oder lila gefärbte Lippenblüten.
Kultur im Garten: Setzen Sie die Pflanzen im Frühling an einen sonnigen Platz, der vor kalten Winden geschützt ist. In lockerer, sandiger Erde mit etwas Kalk gedeiht das Kraut am besten. Es wird 25–50 cm hoch. Der Abstand sollte 30 × 30 cm be-

Zur Blütezeit ist das Bergbohnenkraut ein Schmuckstück des Steingartens.

tragen. Zu gut ernährtes Bohnenkraut erfriert leicht. Schützen Sie die Stauden in rauen Gegenden im Winter durch eine Abdeckung aus Fichten- oder Kiefernzweigen. Vermehrung ist durch Teilung der Wurzelstöcke möglich. Pflanzen bekommen Sie in Staudengärtnereien und bei Kräuterspezialisten.
Ernte und Konservierung: Frische Zweigspitzen oder Blätter können Sie jederzeit pflücken, sobald die Pflanzen groß genug sind. Kurz vor der Blüte wird das Kraut zum Trocknen geschnitten. Achten Sie aber darauf, dass die kleinen Sträucher noch

genügend Kraft für einen neuen Austrieb behalten.

Eberraute
Artemisia abrotanum

Andere Namen: Stabwurzel, Zitronenkraut, Garthagen.
Herkunft: Die Eberraute ist in Südeuropa und Vorderasien zu Hause. Mönche brachten sie im 9. oder 10. Jahrhundert über die Alpen.
Botanischer Steckbrief: Die Eberraute gehört zur Familie der Korbblütler (Compositae). Zu ihren nächsten Verwandten

Filigrane Blätter und ein ganz besonderer Duft sind Kennzeichen der Eberraute.

zählen Wermut und Beifuß. Aus einem verzweigten Wurzelstock wächst ein stark verästelter, kleiner Strauch mit zart gefiederten graugrünen Blättern, die einen sehr aromatischen Duft verströmen. Von Juli bis Oktober öffnen sich an den Zweigspitzen blassgelbe, kugelige Blütenköpfchen.
Kultur im Garten: Pflanzen Sie die Eberraute an einen sonnigen Platz mit lockerer Erde. Etwas Kalk bekommt ihr gut. Zu viel Nahrung und Wasser schaden den Pflanzen. Setzen Sie die kleinen Sträucher, die knapp 1 m hoch werden, mit 40 × 40 cm Abstand. Durch Stecklinge können Sie die Eberraute leicht selbst vermehren. Die ersten Pflanzen bekommen Sie nur in gut sortierten Staudengärtnereien oder in Kräuter-Spezialgärtnereien. Dort finden Sie auch unterschiedliche Arten. Es lohnt sich, dieses im Mittelalter sehr beliebte, heute seltene Duftkraut wieder im Garten anzusiedeln.
Ernte und Konservierung: Frische Zweigspitzen können Sie vom Frühling bis zum Herbst pflücken. Vor der Blüte schneiden Sie das Kraut zum Trocknen. Gehen Sie mit den schönen Sträuchern aber vorsichtig um, damit sie auch eine Zierde Ihres Kräutergartens bleiben.

Verwenden Sie das stark duftende Kraut nur in geringen Mengen zum Würzen, dann verleiht es Salaten und Soßen eine sehr aparte Note. Die Eberraute gehört zu den Mottenkräutern, die Sie in den Kleiderschrank legen können.

Estragon
Artemisia dracunculus

Andere Namen: Schlangenkraut, Kleiner Drache, Kaiserkraut.
Herkunft: Der Estragon ist in Süd- und Mittelasien, in der Mongolei, in Sibirien und in Nordamerika zu Hause. Die Kreuzfahrer brachten ihn in die Mittelmeerländer. Von dort gelangte er auch über die Alpen.
Botanischer Steckbrief: Der Estragon gehört in die Familie der Korbblütler (Compositae). Die Pflanzen bilden verzweigte Wurzeln mit weit reichenden Ausläufern. An den verästelten Stängeln wachsen schmale, längliche Blätter. Die grüngelben Blütenköpfchen erscheinen ab Juli.
Kultur im Garten: Kräutergärtner müssen zwischen zwei Estragon-Sorten unterscheiden:

Der Russische Estragon kann aus Samen ausgesät werden. Er ist widerstandsfähig, aber nicht besonders aromatisch. Der Französische Estragon (auch Deutscher Estragon) wird nur aus Wurzelausläufern vermehrt. Er ist etwas empfindlicher, besitzt aber ein unvergleichlich würziges Aroma.

Der aromatische Französische Estragon ist ein »Muss« im Garten des Feinschmeckers!

Estragon liebt einen humusreichen, feuchten Boden. Er gedeiht in der Sonne und im Halbschatten. Geben Sie ihm viel Kompost, etwas Tonmehl und ein wenig organischen Dünger. Der Russische Estragon wird im April im Freiland ausgesät und später mit 40 × 40 cm Abstand verpflanzt. Ableger des Französischen Estragons setzen Sie im Frühling oder im Herbst mit 30 × 40 cm Zwischenraum. Das Kraut wird 60–150 cm hoch. Später können Sie Ihre Bestände leicht durch Wurzelausläufer oder Stecklinge vermehren. In heißen Sommerwochen müssen Sie den Estragon durchdringend gießen. In harten Wintern braucht er eine schützende Decke aus Fichtenreisig.

Ernte und Konservierung: Frische Zweigspitzen und Blätter können Sie vom Frühling bis zum Frost ernten. Bevor er blüht, wird der Estragon zum Trocknen geschnitten. Er verliert aber einen Teil seiner Würzkraft. Übergießen Sie im Sommer Estragonzweige mit gutem Weinessig. Dieser Estragonessig ist eine Delikatesse für die Feinschmecker-Küche!

Fenchel
Foeniculum vulgare

Andere Namen: Finkel, Kinderfenkel, Brotanis.
Herkunft: Die Heimat des Fenchels liegt in den Mittelmeerländern und in Kleinasien. Er gehört zu den uralten Körnergewürzen, die schon bei den alten Ägyptern, bei den Griechen und bei den antiken Römern benutzt wurden. Karl der Große ließ das Teekraut bereits auf seinen Gütern anbauen.
Botanischer Steckbrief: Der Fenchel gehört in die Familie der Doldenblütler (Umbelliferae). Seine lange Pfahlwurzel wächst tief in den Boden. An den hohen, gerillten Stängeln, die sich verzweigen, entwickeln sich sehr fein gefiederte Blätter. Das Erscheinungsbild ähnelt sehr dem Dill. Von Juli bis September entfaltet der Fenchel große Dolden aus zahlreichen gelben Einzelblüten. Die Fenchelsamen sind wie kleine Halbmonde geformt.
Kultur im Garten: Der Tee- und Gewürzfenchel bildet mächtige Stauden, die bis 2 m hoch wachsen. Er braucht feuchten, nährstoffreichen Boden, der etwas Kalk enthalten sollte. Mit dem »Kopf« will das Kraut in der Sonne stehen, damit die Samen voll ausreifen.

Das stattliche Fenchelkraut können Sie als eindrucksvolle Solitärstaude pflanzen.

genügen ein bis zwei Exemplare für kleine Gärten. Es ist aber auch möglich, im April oder Mai Samen im Freiland auf einem Extrabeet auszusäen. Die Reihen benötigen 20–25 cm Abstand.

Über Winter schützen Sie den jungen Fenchel mit einer Kiefernreisig-Decke. Im folgenden Frühling können Sie dann die Pflanzen mit 40–50 cm Abstand an den endgültigen Standort versetzen. Wo er einmal heimisch geworden ist, da sät sich der Fenchel von selbst aus.

Ernte und Konservierung: Im Spätsommer beginnen die Samen nach und nach zu reifen. Schneiden Sie regelmäßig die braunen Dolden heraus. Sie werden zu Sträußen gebunden und zum Trocknen aufgehängt. Zarte Fenchelblätter können Sie auch zum Würzen pflücken.

Johanniskraut
Hypericum perforatum

Andere Namen: Tausendlochkraut, Blutkraut, Teufelsflucht, Tüpfel-Hartheu.
Herkunft: Johanniskraut ist in Europa und Asien zu Hause. Es zählt zu den uralten Heilpflanzen.

Bereiten Sie den Platz des Fenchels im Kräutergarten mit reichlich Kompost und organischem Dünger gut vor. Streuen Sie auch etwas Algenkalk und Tonmehl aus. Der Boden muss sehr locker und durchlässig sein, damit die kräftigen Wurzeln ungehindert in die Tiefe dringen können.

Sie können Teefenchel als fertige Pflanzen kaufen. Die Staudengärtnereien bieten auch eine hübsche Züchtung mit bronzefarbigem Laub an. Da diese Stauden sehr groß werden,

Botanischer Steckbrief: Das Johanniskraut gehört zur Familie der Hartheugewächse (Clusiaceae). Aus den verzweigten Wurzeln, die Ausläufer treiben, wächst ein kantiger Stängel mit länglichen, spitz auslaufenden Blättern. An den Enden der Zweige blühen von Juni bis August lockere Dolden mit gelben Schalenblüten.

In Deutschland wachsen verschiedene Arten des Johanniskrautes, die sich auf den ersten Blick zum Teil sehr ähnlich sehen. Als Heilpflanze ist aber nur das »durchbohrte« Echte Johanniskraut wirksam. Dies sind die wichtigsten Erkennungsmerkmale: Der Stängel ist zweikantig geformt. Die Blätter sind mit durchsichtigen Punkten übersät, als wären sie mit einer Nadel durchstochen. Wenn Sie sie gegen das Licht halten, erkennen Sie diese »Löcher« ganz deutlich. Es handelt sich um Drüsen, die ätherisches Öl und Harz enthalten. Wenn Sie eine Blütenknospe zwischen den Fingern zerdrücken, dann tritt ein blutroter Saft heraus.

Kultur im Garten: Das Echte Johanniskraut gedeiht mit Vorliebe an sonnigen Wegrändern auf mageren, trockenen Böden. Geben Sie ihm auch im Kräutergarten einen ähnlichen Standort. Wichtig sind viel Licht und guter Wasserabzug; im Übrigen ist das Kraut sehr anspruchslos. An guten Standorten vermehrt es sich von selbst durch Wurzelausläufer. Die Pflanzen benötigen 30–40 cm Abstand; sie wachsen 60–80 cm hoch. Am einfachsten ist es, wenn Sie sich eine Staude am Wegrand ausgraben. Pflanzen bekommen Sie nur in Spezial-Gärtnereien. Die Zierformen des Johanniskrautes sind für den Kräutergarten wertlos.

Ernte und Konservierung: Den höchsten Wirkstoffgehalt hat das Johanniskraut, wenn es voll aufgeblüht ist. Schneiden Sie das ganze blühende Kraut zum Trocknen. Sehr empfehlenswert ist auch das Konservieren in Öl (Rezept siehe Seite 47).

Lavendel
Lavandula angustifolia

Andere Namen: Lavengel, Speik, Schwindelkraut, Nervenkräutchen.

Herkunft: Die Herkunft des Lavendels liegt in den südeuropäischen Mittelmeerländern. Das Kraut war schon in der Antike beliebt und wurde früh von Mönchen über die Alpen gebracht.

Botanischer Steckbrief: Der Lavendel gehört zur Familie der Lippenblütler (Labiatae). Er senkt eine tief reichende Pfahlwurzel in den Boden. Oberirdisch bildet er verzweigte, kleine Halbsträucher. Charakteristisch sind die schmalen graugrünen

Die heilkräftigen Blüten des Johanniskrautes bringen das sommerliche Kräuterbeet zum Leuchten.

Blätter und die duftenden lila-blauen Blütenähren, die von Juli bis September erscheinen.

Kultur im Garten: Lavendel gedeiht sehr willig, wenn Sie ihm einen sonnigen, trockenen Platz mit gutem Wasserabzug geben. Steingärten und Trockenmauern sind ideale Standorte. Ein wenig Kalk bekommt dem Kraut gut. Setzen Sie die Pflanzen im Mai mit 30 cm Abstand in den Garten. In jeder guten Staudengärtnerei, oft auch in Gartencentern bekommen Sie vorgezogene Lavendelpflanzen. Achten Sie auf Züchtungen mit besonders leuchtend blauen Blüten wie

zum Beispiel 'Hidcote Blue', 'Munstead' oder 'Dwarf Blue'. Sie können das Kraut aber auch selber auf der Fensterbank oder im Gewächshaus aussäen. Von älteren Lavendelsträuchern lassen sich Stecklinge schneiden. Nach der Blüte werden die Pflanzen leicht eingekürzt. Nur in sehr harten Wintern braucht das Kraut eine schützende Decke aus Fichtenreisig.

Ernte und Konservierung: Junge Blätter zum Würzen können Sie jederzeit pflücken. Die Blüten schneiden Sie zum Trocknen, wenn sie sich gerade frisch geöffnet haben.

Zu den imposantesten Gestalten im Kräutergarten gehört das »Maggikraut«. Überlegen Sie gut, wohin Sie diese langlebige Gewürzstaude pflanzen.

Mediterrane Träume wecken die blühenden Lavendelbüsche im Garten. Ihr frischer Duft bezaubert, und ein wohlschmeckender Tee aus den blauen Blüten besänftigt die Nerven.

Liebstöckel
Levisticum officinale

Andere Namen: Maggikraut, Schluckwehrohr, Gichtstock.
Herkunft: Der Liebstöckel stammt ursprünglich aus dem Iran. Später wurde er auch in Südeuropa heimisch. Mönche brachten das Kraut über die Alpen. Es wuchs schon früh in den Klostergärten des Mittelalters.
Botanischer Steckbrief: Der Liebstöckel gehört zur Familie der Doldenblütler (Umbelliferae). Aus einer verzweigten, sehr tief reichenden Wurzel

75

Wo der Meerrettich mit seinen langen Wurzeln Fuß fasst, bildet er mächtige Büsche.

sel-Jauche. Dieses Kraut wächst in der Sonne und im Halbschatten. Normalerweise reicht eine Pflanze für den Bedarf einer Familie. Bei mehreren Stauden müssen Sie mindestens 50 cm Abstand beim Pflanzen einhalten. Liebstöckel-Setzlinge bekommen Sie beim Gärtner. Sie können das Kraut auch im April oder im August aussäen. Wo die robusten Stauden einmal eingewachsen sind, da gedeihen sie jahrelang ohne Probleme.

Ernte und Konservierung: Junge, zarte Blätter zum Würzen können Sie jederzeit pflücken. Trocknen Sie sie vor der Blütezeit.

wachsen kräftige, hohle Stängel, die sich erst im oberen Bereich verzweigen. Die derben Blätter sind in rhombenförmige Fiederblätter unterteilt. Von Juli bis August erblühen große Dolden mit kleinen gelbgrünen Blüten.

Kultur im Garten: Das vitale »Maggi«-Kraut erreicht mühelos 2–3 m Höhe. Dafür braucht es aber nahrhaften, tiefgründigen Boden und Feuchtigkeit. Geben Sie dem Liebstöckel reichlich Kompost und etwas organischen Dünger. Im Sommer verträgt er einen Guss Brennnes-

Meerrettich
Armoracia rusticana

Andere Namen: Kren, Bauernsenf, Rachenputzer, Pfefferwurzel.

Herkunft: Der Meerrettich ist in Südosteuropa zu Hause. Schon seit dem 12. Jahrhundert wächst er auch in deutschen Gärten.

Botanischer Steckbrief: Der Meerrettich gehört in die Familie der Kreuzblütler (Cruciferae). Er bildet starke, lange Wurzeln. Die dünnen Seitenwurzeln können abgetrennt und zur Vermeh-

rung benutzt werden. Man nennt sie Fechser. Die derben, langen Blätter des Krautes sind an den Rändern gekerbt. An einem hohen Stiel blüht eine Traube weißer Blüten.

Kultur im Garten: Der Meerrettich ist ein vitales Kraut, das viel Platz braucht. Wo sie einmal eingewachsen sind, da kann man die Wurzeln kaum noch ausrotten; sie treiben aus kleinsten Stücken wieder aus. Für kleine Kräutergärten ist das Kraut nicht zu empfehlen. Pflanzen Sie es lieber in eine Gartenecke am Kompost oder in der Nähe einer Hecke.

Meerrettich liebt nahrhaften Humus und feuchte Erde. Kompost, organischer Dünger und eine Mulchschicht sorgen für gutes Wachstum. Fechser bekommen Sie in gut sortierten Samenfachgeschäften, bei manchen Versandfirmen und mit etwas Glück auch beim Gärtner oder beim Nachbarn. Legen Sie ab März die Wurzelstücke schräg in den Boden mit 30–50 cm Abstand. 2 bis 3 Meerrettichpflanzen decken den Bedarf einer Familie reichlich; Die Stauden wachsen etwa 1 m hoch und sehr breitbuschig.

Ernte und Konservierung: Frische Wurzelstücke können Sie nach Bedarf abtrennen, sobald

die Pflanzen stark genug sind. Im Herbst graben Sie einige große Wurzeln als Wintervorrat aus. Sie werden im Keller oder im Frühbeet in feuchten Sand eingeschlagen.

Melisse
Melissa officinalis

Andere Namen: Zitronenmelisse, Bienenkraut, Herztrost, Frauenkraut.

Herkunft: Das Heimatland der Melisse liegt im Vorderen Orient. In den Mittelmeerländern ist sie seit Jahrtausenden zu Hause; bei uns wuchs sie schon in den Klostergärten des Mittelalters.

Botanischer Steckbrief: Die Melisse gehört in die Familie der Lippenblütler (Labiatae). Sie bildet einen sehr verzweigten Wurzelstock mit Ausläufern. An den vierkantigen, verästelten Stängeln wachsen eiförmige, gezähnte Blätter. Von Juli bis August erscheinen in den Blattachseln kleine weiße oder malvenfarbige Blüten. Die buschigen Stauden erreichen 50 bis 100 cm Höhe.

Kultur im Garten: In humusreicher, durchlässiger Erde gedeiht die Melisse am besten. Sie braucht volle Sonne. Geben Sie dem Kraut regelmäßig und reichlich Kompost, denn es kann viele Jahre am gleichen Platz stehen bleiben. Pflanzen bekommen Sie im Frühling in vielen Gärtnereien, Gartencentern und bei Spezialfirmen. Sie können die Melisse auch im Mai selber aussäen oder ab März im Warmen vorziehen. Setzen Sie die Stauden mit 30 cm Abstand auf das Kräuterbeet. Später können Sie Ihre Bestände leicht durch die Teilung großer Wurzelstöcke vermehren. Oft sät sich das Kraut auch selber aus.

Ernte und Konservierung: Frische, zitronenduftende Blätter können Sie jederzeit vom Frühling bis zum Herbst pflücken. Zum Trocknen schneiden Sie die oberen Zweige kurz vor der Blüte ab.

Sehr attraktiv wirkt die Melissensorte 'Variegata' mit zweifarbigen Blättern.

Die üppig wachsende Zitronenmelisse darf in keinem Kräutergarten fehlen!

Die Melisse ist mit ihrem frischen Zitronenduft ein wunderbares Salat- und Teekraut. Sie wirkt angenehm nervenberuhigend. Versuchen Sie einmal, die reizvollen gelbblättrigen Spezialitäten zu bekommen (*Melissa officinalis* 'Variegata' und 'Aurea'). Sehr empfehlenswert ist auch eine andere Art, die Weiße Melisse (*Nepeta cataria* 'Citriodora'). Diese stark duftende Melisse ist mit der heimischen Katzenminze verwandt und war früher in Bauerngärten heimisch.

Die Sorte 'Gardenview Scarlet' ist eine leuchtend rote Zuchtform von *Monarda didyma*. Würzig-duftende Indianernesseln sind mit ihren bizarren Blüten eine Zierde für den Kräutergarten, aber auch für ein sommerbuntes Staudenbeet.

Monarda
Monarda didyma

Andere Namen: Indianernessel, Goldmelisse, Rote Melisse, Bienenbalsam, Etagenblume.
Herkunft: Die Monarda ist in Nordamerika zu Hause. Nach Europa kam sie erst nach der Entdeckung der Neuen Welt.
Botanischer Steckbrief: Die Monarda gehört in die Familie der Lippenblütler (Labiatae). Sie bildet einen flach wachsenden, verzweigten Wurzelstock. An den kantigen Stängeln sitzen spitzeiförmige, gezähnte Blätter. Von Juni bis Oktober blüht die Indianernessel. Die leuchtend roten Lippenblüten bilden einen leicht struppigen Quirl. Sie sind in mehreren Etagen angeordnet.
Kultur im Garten: Die Indianernessel ist sehr anspruchslos. Die Pflanzen gedeihen zwar am besten in feuchter Erde an einem sonnigen Standort; sie nehmen aber auch mit trockenen Plätzen und Halbschatten vorlieb. Pflanzen Sie die Stauden, die 80–150 cm Höhe erreichen, 30–40 cm auseinander. Sie vermehren sich durch Wurzelausläufer, die Sie später abtrennen und versetzen können. Die Indianernessel ist mit ihren haltbaren, leuchtend roten Blüten und den duftenden Blättern eine Zierde des Kräuterbeetes. Eine hell-lila blühende Verwandte ist *Monarda fistulosa*. Die echte Naturform der Monarda bekommen Sie als Pflanzen in sehr gut sortierten Staudengärtnereien und in Kräuter-Spezialgärtnereien. Dort können Sie auch Saatgut kaufen. Bezugsquellen finden Sie im Anhang. Die zahlreichen bunten Staudenzüchtungen der Indianernessel sind für den Kräutergarten wertlos.
Ernte und Konservierung: Frische, zarte Blätter können Sie nach Bedarf pflücken. Zum Trocknen ernten Sie einen Blättervorrat für die Teekanne, bevor die Blüte beginnt.

Oregano
Origanum vulgare

Andere Namen: Wilder Majoran, Dost, Wohlgemut, Berghopfen.
Herkunft: Der Oregano ist in Südeuropa und Asien zu Hause. Bereits im Mittelalter wuchs er auch in deutschen Kräutergärten.
Botanischer Steckbrief: Der Oregano gehört in die Familie der Lippenblütler (Labiatae). Aus einem flach wachsenden, verzweigten Wurzelstock trei-

Schon die nordamerikanischen Indianer nutzten die Monarda als Tee- und Heilkraut. Sie können im Sommer einen erfrischenden Tee aus den Blättern aufgießen, der nebenbei auch die Verdauung fördert.

ben kantige, rötlich-braune Stängel. Die kleinen eiförmigen Blätter sind fein behaart. Von Juni bis September blühen an den Zweigspitzen zahlreiche rosa oder weiße Blüten in lockeren Trugdolden, die Bienen und Hummeln anlocken.

Kultur im Garten: Das Würzkraut aus dem Süden braucht einen sehr warmen, sonnigen Platz und leichten, durchlässigen Boden. Es wird 30–50 cm hoch. Pflanzen bekommen Sie in Staudengärtnereien, manchmal auch in Gartencentern.

Zahlreiche Spezialitäten bieten die Kräutergärtnereien an, die Sie im Anhang finden. Später vermehren Sie Ihre Bestände leicht durch Wurzelausläufer. Sie können das Kraut auch selber aussäen und auf einer warmen Fensterbank vorkultivieren. Anfang Mai setzen Sie die Pflanzen mit 20–25 cm Abstand in den Garten.

Ältere Oregano-Stauden werden im Frühling zurückgeschnitten, indem Sie alle trockenen Triebe bis dicht über dem Boden einkürzen. In sehr kalten Landschaften braucht das Kraut etwas Winterschutz.

Minzenspezialitäten können Sie gut in einem Topfgarten um sich scharen. So bleiben die Sorten übersichtlich, und die Pflanzen werden daran gehindert, das Beet zuzuwuchern.

Ernte und Konservierung: Junge Blätter und Triebe können Sie jederzeit pflücken. Während der Blüte sind die Pflanzen besonders würzig. Schneiden Sie dann öfter Sträuße, die Sie zum Trocknen aufhängen.

Die Oreganoblüte ist ein Fest für Bienen, Hummeln und Schmetterlinge. Überlassen Sie ihnen einen Teil der Ernte!

Pfefferminze
Mentha × piperita

Andere Namen: Minze, Englische Minze, Teeminze.

Herkunft: Wahrscheinlich ist die Pfefferminze ursprünglich im Mittelmeerraum und in Westasien zu Hause. Wilde Minzenarten gedeihen aber auch schon sehr lange in Westeuropa. Die

besonders aromatische Edelminze *(Mentha × piperita)* ist eine Kulturform.

Botanischer Steckbrief: Die Pfefferminze gehört zu den Lippenblütlern (Labiatae). Sie wächst aus flachen Wurzeln, die sich durch weit reichende Ausläufer verbreiten. An den kantigen Stängeln sitzen länglicheiförmige Blätter mit gezähnten Rändern. Von Juli bis August blühen an den Zweigspitzen Scheinähren mit lila oder rosa Blüten.

Kultur im Garten: Alle Minzen lieben feuchten, humusreichen Boden und lichten Halbschatten. Sie gedeihen aber auch an

Das müssen Sie probieren: Die Schoko-minze schmeckt genauso, wie ihr Name es verheißt!

Mit lebhaftem Blattschmuck und fruchtigem Aroma empfiehlt sich die Ananasminze.

Pimpinelle
Sanguisorba minor

Andere Namen: Kleiner Wiesen-knopf, Pimpernell, Grummet-kopf.

Herkunft: Die Pimpinelle ist in vielen Ländern Mitteleuropas und in den gemäßigten Zonen Asiens zu Hause. Bei uns wächst sie wild auf trockenen Wiesen und an Wegrändern.

Botanischer Steckbrief: Die Pimpinelle gehört zu den Rosen-gewächsen (Rosaceae). Sie bil-det verzweigte Wurzeln, aus denen ein dichter Schopf zier-lich gefiederter Blätter wächst. Von Mai bis Juni öffnen sich an

Ihre frisch-säuerlichen Blätter bietet die Pimpinelle fast rund ums Jahr an.

trockeneren und sonnigen Standorten. Da dieses Kraut sehr stark wuchert, sollten Sie ihm einen besonderen Platz geben, wo es sich ungestört als Bodendecker ausbreiten darf. Anderenfalls müssen Sie es »einsperren«, zum Beispiel in einen Eimer ohne Boden oder in große Gefäße.

Setzen Sie Pflanzen oder Ab-leger mit 20–30 cm Abstand in die feuchte, kompostreiche Erde. Unkraut muss vorher sorg-fältig entfernt werden; es lässt sich später aus dem Wurzelge-wirr der Minze nur schwer he-rausziehen. Wenn die Pflanzen erst einmal dicht zusammenge-wachsen sind, schattieren sie von selbst den Boden und berei-ten keine Arbeit mehr. Sie wer-den 50–80 cm hoch. Kräuter-spezialisten bieten eine Fülle verschiedener Minzenarten an, sowohl Edelminzen als auch Wildarten. Dort entdecken Sie zum Beispiel Orangenminze, Ananasminze, Apfelminze, Ba-silikumminze, Schokominze, Kölnischwasserminze, Feigen-minze und noch viele andere verlockende Aroma-Variationen. Bezugsquellen finden Sie im Anhang.

Ernte und Konservierung: Fri-sche Minzenblätter können Sie den ganzen Sommer pflücken. Zum Trocknen schneiden Sie das Kraut kurz vor der Blüte. In war-men Spätsommerwochen reift oft noch eine zweite Ernte nach.

langen Stielen kugelige, rötlich-grüne Blüten. Die Stauden werden 30–50 cm hoch.

Kultur im Garten: Lockerer, etwas kalkhaltiger Humus und volle Sonne bieten der Pimpinelle ideale Lebensbedingungen. Trockenheit verträgt das Kraut eher als zu große Feuchtigkeit. Ab April säen Sie die Pimpinelle direkt ins Freiland. Die Reihen brauchen 30 cm Abstand. Später lichten Sie sie so weit aus, dass alle 20 cm eine Pflanze stehen bleibt. Die Pimpinelle kümmert meist beim Verpflanzen, weil ihre langen Wurzeln nur mühsam wieder Fuß fassen. Probieren können Sie es trotzdem. Wenn Sie die Blüten rechtzeitig herausschneiden und in die Vase stellen, bleiben die Blätter länger zart.

Ernte und Konservierung: Pflücken Sie frische Blätter, solange der Vorrat reicht. Konservieren lohnt nicht. In milden Wintern bleibt die Pimpinelle aber lange grün.

Rosmarin
Rosmarinus officinalis

Andere Namen: Meertau, Kranzenkraut, Brautkraut, Marienkraut.

Herkunft: Der Rosmarin ist in den Mittelmeerländern zu Hause. Alle Völker des Altertums schätzten das Kraut sehr. Karl der Große ließ es auch in Germanien anpflanzen.

Botanischer Steckbrief: Der Rosmarin gehört in die Familie der Lippenblütler (Labiatae). Er bildet immergrüne, verzweigte Halbsträucher mit schmalen, nadelartigen Blättern. Von März bis Juli treiben aus den Blattachseln hellblaue bis lila gefärbte Blüten.

Kultur im Garten: Der Rosmarin ist in unseren Breiten nicht winterhart. Pflanzen Sie ihn in Töpfe mit einer sandigen Humusmischung, und geben Sie ihm eine Startdüngung aus Hornspänen. Von Mai bis Juli bekommen die Pflanzen einmal im Monat ein wenig Dünger ins Gießwasser. Ab Mitte Mai sollten Sie Ihren Rosmarin an einem sehr sonnigen, geschützten Platz im Garten eingraben. Er kann auch auf dem Balkon oder auf einer Südterrasse stehen. Pflanzen im Topf trocknen schnell aus, deshalb müssen Sie bei Hitze kräftig gießen. Den Winter muss das Kraut aus dem Süden im Haus verbringen (siehe Tipps Seite 20).

Wenn Sie viel Geduld haben, können Sie Rosmarin aus Samen großziehen. Die Aussaat

Wo der Rosmarin sich wohl fühlt, da schmückt er sich reich mit Blüten.

geschieht auf einer warmen Fensterbank oder im Gewächshaus (siehe Seite 29).

Später können Sie Ihre Bestände auch durch Stecklinge vermehren.

Ernte und Konservierung: Einige Blätter und Zweigspitzen können Sie immer nach Bedarf ernten. Es ist auch sehr gut möglich, ganze Stängel zu trocknen. Da der Rosmarin aber bei uns wie eine Zierpflanze gehalten wird und lange braucht, bis er zu einem kleinen Strauch herangewachsen ist, sollte ihn ein Kräutergärtner schonend behandeln. Schneiden Sie also nur dort, wo es der Rosmarin verkraften kann, ohne seine Schönheit einzubüßen.

Die herb-aromatischen Blätter des Salbeistrauches dienen als Gewürz und Heiltee, die Blüten locken Bienen und viele andere Insekten an.

Eine Köstlichkeit aus dem Kräutergarten sind frische Salbeiblätter, die in Olivenöl vorsichtig angebraten werden. Geben Sie zum Schluss reichlich Butter dazu, die sich auflösen soll, aber nicht braun werden darf. Nach Geschmack ein wenig salzen und knusprig über Gnocchi oder Spätzle gießen.

Salbei
Salvia officinalis

Andere Namen: Königssalbei, Zahnblätter, Schmale Sophie, Fischsalve, Küchliblätter.
Herkunft: Der Salbei ist in den Mittelmeerländern zu Hause. Griechen und Römer benutzten ihn schon. Zur Zeit Karls des Großen und in den Klostergärten des Mittelalters wurde das Kraut sehr geschätzt.
Botanischer Steckbrief: Der Salbei gehört in die Familie der Lippenblütler (Labiatae). Der kleine, verholzende Halbstrauch besitzt einen verzweigten Wurzelstock und vierkantige Stängel mit graugrünen, etwas filzigen Blättern. Ihre längliche Form läuft an der Basis manchmal in zwei Zipfel aus. Im Winter bleibt der Salbei grün. Von Juni bis August schmückt er sich mit leuchtend violettblauen Blüten.
Kultur im Garten: Der Salbeistrauch braucht einen sehr sonnigen Standort und lockeren, eher trockenen Boden. Geben Sie ihm außer Kompost auch etwas Algenkalk. Lehmige Erde muss unbedingt mit Sand aufgelockert werden. Salbei können Sie ab April ins Frühbeet und im Mai auch im Freiland aussäen. Später vermehren Sie

Mit buntblättrigem Salbei können Sie in Ihrem Kräutergarten einen reizvollen Blickfang schaffen. Hier ist es die dreifarbige Sorte 'Tricolor'.

Ihre Bestände durch Stecklinge und Absenker. Junge Pflanzen werden mit 30–40 cm Abstand ins Kräuterbeet gesetzt. Vorgezogene Stauden bekommen Sie in Gartencentern, in Staudengärtnereien und bei Kräuter-Spezialfirmen. Den Heil- und Gewürzsalbei gibt es auch in reizvollen Varietäten: So können Sie in gut sortierten Gärtnereien zum Beispiel buntblättrige Formen oder den würzigen Muskatellersalbei *(Salvia sclarea)* kaufen. Die verschiedenen Ziersalbeiarten, die in Staudengärtnereien angeboten werden, eignen sich nicht für den Gewürzgarten.
Ernte und Konservierung: Frische Salbeiblätter können Sie

stets nach Bedarf ernten. Zum Trocknen schneiden Sie kurz vor der Blüte die Triebspitzen ab. Bis zum Winter muss der Strauch aber neu austreiben, sonst erfriert er leicht.

Sauerampfer
Rumex rugosus

Andere Namen: Gartenampfer, Säuerling, Sauerlump.

Größe zeigt der bescheidene Sauerampfer erst, wenn er seine hohen Blütenstiele treibt.

Herkunft: Der Sauerampfer ist in Mitteleuropa zu Hause. Er wächst auf feuchten Wiesen und an Grabenrändern wild.
Botanischer Steckbrief: Der Sauerampfer gehört in die Familie der Knöterichgewächse (Polygonaceae). Aus einer Pfahlwurzel, die sich im Boden verzweigt, wachsen glatte, pfeilförmige Blätter. Von Mai bis Juli treibt der Sauerampfer hohe, rötliche Stiele mit weißrosa Blütenrispen.
Kultur im Garten: Wie draußen auf der Wiese liebt der Sauerampfer auch im Garten feuchte, humusreiche Erde. Geben Sie ihm reichlich Kompost und etwas Tonmehl. Halbschattige Stellen sind ideal, das robuste Kraut wächst aber auch in der Sonne.
Im April können Sie Sauerampfer in Reihen mit 20–25 cm Abstand aussäen. Später zupfen Sie so viele Pflanzen heraus, bis Lücken von 10–15 cm entstehen. Trotz der langen Wurzel lassen sich die jungen Pflanzen ganz gut versetzen. Vermehrung ist durch Teilung möglich.
Wenn Sie einen Teil der Blüten rechtzeitig herausschneiden, können Sie mehr Blätter ernten. Bei anhaltend heißem Wetter sollten Sie den Sauerampfer gießen. Sonst stellt er keine An-

sprüche. In Spezialgärtnereien bekommen Sie auch den Blutampfer *(Rumex sanguineus)*, der mit seinen rötlichen Blattadern sehr attraktiv aussieht, und den niedrigen Römischen Ampfer *(Rumex scutatus)*, dessen schildförmige Blättchen einen säuerlichen Zitronengeschmack besitzen.
Ernte und Konservierung: Pflücken Sie nur junge, zarte Blätter. Konservieren lohnt nicht.

Eine aparte Schönheit ist der »Blutampfer« mit seinen rot geäderten Blättern.

Blühende Schnittlauchstauden sind Schmuckstücke des Kräutergartens und ein Magnet für die Bienen. Nach dem Rückschnitt treiben die Pflanzen neue, würzige Halme.

Schnittlauch
Allium schoenoprasum

Andere Namen: Prieslauch, Graslauch, Pfannkuchenkraut.
Herkunft: Der Schnittlauch ist in Europa zu Hause. Er wächst wild an feuchten Standorten. Schon Karl der Große hat ihn für den Garten empfohlen.
Botanischer Steckbrief: Schnittlauch gehört in die Familie der Lauchgewächse (Alliaceae). Er ist mit den Zwiebeln verwandt. Aus einem dicken Wurzelballen wachsen zahlreiche röhrenförmige Blätter. Von Juni bis August öffnen sich an langen, festen Stielen rötlichviolette Blütenkugeln. Die schwarzen Samen reifen gut aus und verstreuen sich leicht.
Kultur im Garten: Die saftreichen Schnittlauchstauden gedeihen am besten in nahrhaftem, etwas kalkhaltigem, feuchtem Humus. Geben Sie den Pflanzen reichlich Kompost und etwas organischen Dünger. Im Frühsommer vertragen sie zudem einen Guss Brennnessel-Jauche. Sonne und Halbschatten bekommen dem Schnittlauch gleich gut. Setzen Sie ihn mit 20 × 20 cm Abstand. Pflanzen werden überall in Gärtnereien und Gartencentern angeboten. Sie können das Kraut ab April im Freiland aussäen. Wenn die zarten Halme einige Zentimeter hoch gewachsen sind, greifen Sie sich immer ein Büschel junger Pflanzen und setzen sie gemeinsam um. Dann bildet der Schnittlauch rasch dicke, rundliche Stauden, die 20–30 cm hoch wachsen und im Frühling leicht geteilt werden können. So verjüngen Sie Ihre Bestände. Eine Bereicherung des Schnittlauch-Angebotes ist die neue Züchtung 'Forescate' mit leuchtend roten Blüten.

Ernte und Verwendung: Schneiden Sie die würzigen Halme stets frisch. Im Frühling schmecken sie am besten. Nehmen Sie aber jeder Staude nur einen Teil der Blätter weg, damit sie sich wieder erholen kann. Konservieren lohnt nicht. Topfen Sie lieber einen Schnittlauchballen ein, der im Winter auf der Fensterbank austreibt.

Thymian
Thymus vulgaris

Andere Namen: Römischer Quendel, Demut, Feldkümmel, Immenkraut.

Zwischen den Steinen fühlt sich der Thymian besonders wohl.

Herkunft: In den südeuropäischen Mittelmeerländern ist der Thymian ebenso zu Hause wie in Nord- und Westafrika. Die antiken Ägypter, Römer und Griechen schätzten das Kraut sehr. Mönche brachten es über die Alpen, wo der Thymian bereits in den mittelalterlichen Klostergärten wuchs.

Botanischer Steckbrief: Der Thymian gehört in die Familie der Lippenblütler (Labiatae). Aus einer holzigen Pfahlwurzel wächst ein verzweigtes Sträuchlein mit schmalen, festen Blättern. Das Kraut bleibt über Winter grün. Ältere Pflanzen verholzen. Von Mai bis September sind die kleinen Sträucher mit lilarosa Blüten übersät, die in Scheinquirlen zusammenstehen.

Kultur im Garten: Trockene, durchlässige Erde und volle Sonne sind wichtig für gutes Gedeihen. Außer Kompost braucht der Thymian keine Zusatznahrung. Halten Sie ihn mager, dann bleibt er gesund. Junge Pflanzen bekommen Sie in Gärtnereien, Gartencentern und bei Spezial-Kräuterfirmen. Setzen Sie sie mit 20 × 20 cm Abstand in die Erde. Von älteren Thymianbüschen können Sie im Sommer Stecklinge schneiden. Das Kraut lässt sich auch aus Samen ziehen.

Wählen Sie Thymian passend zu den Standortbedingungen in Ihrem Garten aus: Der Französische oder Sommerthymian wächst niedrig und breitet sich rasch aus; er ist frostempfindlich. Der Deutsche oder Winterthymian gedeiht langsam, ist aber widerstandsfähiger. Versuchen Sie auch einmal den frisch duftenden Zitronenthymian *(Thymus × citriodorus).* Der Quendel *(Thymus serpyllum),* ein Feldthymian, der auch bei uns wild wächst, hat ebenfalls einen Platz im Kräutergarten verdient. Er wird genau wie der Gartenthymian kultiviert. In rauen Landschaften brauchen alle Thymian-Arten etwas Winterschutz. Im Frühling schneiden Sie die kleinen Sträucher vorsichtig zurück, so dass sie frisch austreiben.

Ernte und Konservierung: Einzelne Zweige können Sie jederzeit ernten. Zum Trocknen schneiden Sie einen Teil des Krautes kurz vor der Blüte.

Weinraute
Ruta graveolens

Andere Namen: Kreuzraute, Augenraute, Edelraute.
Herkunft: Wahrscheinlich ist die Weinraute in den Mittelmeer-

Wenn sie frei steht, zeigt die Weinraute mit ihren zierlich gefiederten Blättern und den gelben Blüten, wie dekorativ sie aussehen kann.

ländern zu Hause. In der Antike kannte und benutzte man das Kraut bereits. Karl der Große ließ die Raute auf seinen Gütern anpflanzen.

Botanischer Steckbrief: Die Weinraute gehört in die Familie der Rautengewächse (Rutaceae). Aus einem starken holzigen Wurzelstock wächst eine verzweigte Staude mit glatten Stängeln. Die hübsch gefiederten Blätter sind blaugrün ge-

Verwenden Sie die Weinraute in geringen Mengen zum Würzen und im Übrigen als Zierde im Kräutergarten. Als Heilkraut sollten Sie sie dem Arzt überlassen. Die Pflanze enthält neben heilsamen Wirkstoffen auch giftige Bestandteile, die in höherer Dosierung sehr unangenehme Nebenwirkungen hervorrufen können.

färbt. Von Juni bis Juli öffnen sich an den Zweigspitzen kleine gelbe Schalenblüten mit 4 Blütenblättern; nur die mittlere Blüte innerhalb einer Scheindolde besitzt 5 Blütenblätter. An heißen Tagen verströmen die Weinrauten einen bitter-strengen Geruch.

Kultur im Garten: Die Weinraute braucht unbedingt einen Standort mit gutem Wasserabfluss. In lockerer, sandiger Erde und voller Sonne gedeiht sie gut. Geben Sie ihr ab und zu etwas Kalk. Im April können Sie das Kraut im Freiland aussäen. Sie bekommen aber auch vorgezogene Pflanzen in guten Gärtnereien und bei Kräuter-Spezialfirmen. Dort finden Sie auch

eine besonders attraktive Züchtung mit bläulichen Blättern, die unter dem Namen 'Jackman's Blue' angeboten wird. Setzen Sie die kleinen Rauten mit 30–40 cm Abstand in die Erde. Sobald sie eingewurzelt sind, brauchen sie kaum noch Pflege. Nur in rauen Landschaften ist ein Winterschutz aus Fichtenreisig erforderlich. Von älteren Pflanzen können Sie Stecklinge schneiden, um die dekorativen Stauden zu vermehren.

Ernte und Konservierung: Einzelne Blättchen können Sie jederzeit pflücken und sehr sparsam zum Würzen verwenden. Die Raute bleibt auch über Winter teilweise grün.

Wermut
Artemisia absinthium

Andere Namen: Wurmkraut, Hilligbitter, Magenkraut, Mottenstock.

Herkunft: Der Wermut ist in Europa und Asien zu Hause. Er wächst auf steinigen, trockenen Böden.

Botanischer Steckbrief: Der Wermut gehört zu den Korbblütlern (Compositae). Aus einem starken Wurzelstock wächst ein verzweigter, kleiner Strauch mit

gefiederten, silbergrauen Blättern, die einen starken bitterstrengen Geruch verströmen. Von Juli bis September erscheinen lockere Rispen mit rundlichen, gelben Blüten.

Kultur im Garten: Wie an seinen natürlichen Standorten gedeiht der Wermut auch im Kräutergarten am besten auf magerem Boden in der vollen Sonne. Mischen Sie im Notfall Sand und

Geben Sie dem eigenwilligen Wermut einen Extraplatz in einiger Entfernung zu den anderen Kräutern des Gartens.

Steine unter die Erde. Auch etwas Kalk bekommt den Pflanzen gut. Falls Sie mehrere Stauden brauchen, setzen Sie sie mit 40–50 cm Abstand.

Die Vermehrung ist durch Stecklinge, Teilung oder Aussaat möglich. Vorgezogene Pflanzen bekommen Sie in vielen Gärtnereien und Gartencentern. Der Wermut wächst 60–1,50 cm hoch und bildet stattliche, dekorative Büsche, die kaum Pflege brauchen. Gut sortierte Staudengärtnereien bieten auch kleinwüchsige Wermut-Arten an, die aber nicht zu den Heilpflanzen gehören.

Ernte und Konservierung: Einzelne Blätter zum Würzen können Sie jederzeit frisch pflücken. Zum Trocknen wird das Kraut vor der Blüte geschnitten. So gewinnen Sie bitteren Magentee. Nach alten Rezepten kann Wermut auch in Wein angesetzt werden.

Ysop
Hyssopus officinalis

Andere Namen: Kirchenseppl, Klosterysop, Bienenkraut.
Herkunft: Die Heimat des Ysops liegt in Südeuropa und Vorderasien. Mönche brachten das Kraut über die Alpen. In unse-

ren Klostergärten wurde es bereits im Mittelalter sehr geschätzt.

Botanischer Steckbrief: Der Ysop gehört zur Familie der Lippenblütler (Labiatae). Aus einem verzweigten Wurzelstock wachsen niedrige Halbsträucher mit holzigen, vierkantigen Stängeln. Die dunkelgrünen Blätter sind sehr schmal und in Quirlen angeordnet. Von Juli bis September öffnen sich in den Blattachseln zahlreiche Blüten, die blau, rosa oder weiß gefärbt sein können. Zusammen bilden sie an einem Stängel sehr anmutige Scheinähren, die Farbe in den Kräutergarten bringen.

Kultur im Garten: Wie die meisten Kräuter aus dem Süden liebt auch der Ysop lockeren, etwas trockenen Boden und viel Sonne. Geben Sie ihm ein wenig Algenkalk und ein paar Hände voll Kompost. Im Übrigen sind die im Alter verholzenden Stauden, die 30–50 cm hoch wachsen, sehr anspruchslos.

Vorgezogene Pflanzen bekommen Sie in vielen Gärtnereien. Sie finden den Ysop auch oft unter den Zierstauden. Auf einer warmen Fensterbank oder im Gewächshaus können Sie das Kraut selber aussäen.

Im Steingarten in der vollen Sonne fühlt der Ysop sich zu Hause.

Junge Pflanzen werden mit 25–30 cm Abstand auf ein Beet gesetzt. Bei älteren Pflanzen ist auch die Stecklingsvermehrung möglich.

Nur in sehr rauen Lagen braucht der Ysop etwas Winterschutz. Im Frühling müssen die Stauden zurückgeschnitten werden.

Ernte und Konservierung: Junge Blätter und Triebspitzen können Sie laufend frisch pflücken. Zum Trocknen wird das Kraut kurz vor der Blüte geschnitten.

Kurzer Kräuter-Wegweiser					
Einjährige Kräuter	**Wichtige Inhaltsstoffe**	**Duft und Geschmack**	**Verwendung in der Küche**	**Heilwirkung**	**Verwendung in der Hausapotheke**
Basilikum	ätherische Öle, Gerbstoffe	feurig-würzig, pfeffrig-süß, sehr eigenwillig	Tomaten, Kräutersoßen, Salate, Hähnchen, italienische Gemüsegerichte	krampflösend im Magen-Darm-Bereich, nervenberuhigend	Tee-Aufguss
Bohnenkraut	ätherische Öle, Gerbstoffe	kräftig-würzig, ein wenig pfeffrig-beißend	grüne Bohnen, Eintopf, Kartoffelgerichte, Fleisch	krampfstillend, magenstärkend	Tee-Aufguss
Borretsch	Schleimstoffe, Gerbsäure, Saponine, Kieselsäure, Mineralstoffe	frisch-säuerlich, ein wenig gurkenähnlich	Salate, Gurken, Quark, kalte Soßen	herzstärkend, kräftigend, lindert bei Rheuma	Tee-Aufguss, frischgehackte Blätter in Milch
Dill	ätherische Öle, fette Öle	Blätter: frisch-herbe Würze; Samen: kümmelartig	Blätter: Salate, Soßen, Kräuterbutter, Fisch, Kräuteressig; Samen und Blüten: eingelegte Gurken, Kräuteressig	entspannend, lindert Blähungen	Tee-Aufguss, Dillsamen zusammen mit Kümmel und Fenchel
Kamille	ätherische Öle (blaues Azulen), Glycoside, Bitterstoffe, Flavone	typischer, etwas heuartiger Kamillenduft	–	entzündungshemmend, krampflösend, antibakteriell bei Erkältungen	Tee-Aufguss, Dampfbäder
Kerbel	ätherische Öle, Glycoside, Bitterstoffe	süß-würzig, ein wenig anisähnlich	Suppen, Salate, Soßen, Omeletts	stoffwechselanregend	frischer Saft für Frühjahrskuren
Knoblauch	ätherische Öle, Vitamin A, B, C, antibiotische Stoffe (Allicin), hormonartige Stoffe	durchdringender, typischer Knoblauchduft	Fleisch, Soßen, Salate, Suppen, südländische Gemüse	antibakteriell, blutdrucksenkend, vorbeugend gegen Altersprozesse, allgemein stärkend	Knoblauch-Saft
Koriander	ätherische Öle, fette Öle, Eiweiß, Gerbstoffe	Samen: würzig-süß	Lebkuchen, Einmachgewürz (Rote Bete)	entkrampfend im Magen-Darm-Bereich	–
Kresse	ätherisches Senföl, Vitamin C, Bitterstoffe	pikant, etwas pfeffrig-scharf	Salate, Soßen, Eier, Quark	stoffwechselanregend	Frühjahrskur mit frischem Kraut
Majoran	ätherische Öle, fette Öle, Gerb- und Bitterstoffe	kräftig süß-würzig, typischer Majoranduft	Fleisch, Wurst, Hackbraten, Kartoffeln, Eintöpfe, Soßen	entkrampfend, nervenstärkend, wärmt den Magen, appetitanregend	Tee-Aufguss, Majoran-Salbe
Portulak	Vitamine	frisch, säuerlich, leicht salzig	Salate, Suppen, Soßen, spinatähnliches Gemüse	blutreinigend	–
Ringelblume	ätherische Öle, Bitterstoffe, Farbstoffe, Schleim, Harz	streng harziger Duft	Salate, Suppen, Safranersatz aus Blütenblättern	heilt Wunden und Entzündungen	Tee-Aufguss, Öl, Salbe

Kurzer Kräuter-Wegweiser

Einjährige Kräuter	Wichtige Inhaltsstoffe	Duft und Geschmack	Verwendung in der Küche	Heilwirkung	Verwendung in der Hausapotheke
Winterportulak	Vitamine	frisch-säuerlich	Salate	Stärkung der Widerstandskräfte	–

Zweijährige Kräuter	Wichtige Inhaltsstoffe	Duft und Geschmack	Verwendung in der Küche	Heilwirkung	Verwendung in der Hausapotheke
Kümmel	ätherische Öle, Harz, Gerbstoffe	leicht beißend, typischer Kümmelgeschmack	Kohl, Fleisch, Käse, Eintöpfe, Quark, Brot	löst Blähungen, magenstärkend	Tee-Aufguss, zusammen mit Fenchel und Anis
Löffelkraut	ätherisches Senföl, Vitamin C, Gerbstoffe, Bitterstoffe	leicht scharf, kresseartig, ein wenig salzig	Salate	stoffwechselanregend	–
Petersilie	ätherische Öle, Vitamin C, Mineralstoffe	herb-würziger Duft, kräftige, etwas scharfe Würze	Salate, Soßen, Kartoffeln, Gemüse, Suppen	wassertreibend, Stärkung der Widerstandskraft durch Vitamin C	–

Mehrjährige Kräuter	Wichtige Inhaltsstoffe	Duft und Geschmack	Verwendung in der Küche	Heilwirkung	Verwendung in der Hausapotheke
Baldrian	ätherische Öle, Alkaloide, Gerbstoffe, Harz	typischer Baldriangeruch	–	nervenberuhigend, bei unruhigem Herz, Angstzuständen, Schlafstörungen	Tee, Tinktur
Balsamkraut	ätherische Öle, Gerb- und Bitterstoffe	Blätter: balsamisch feines Duftbouquet, leicht bitterer Geschmack	Salate, Omeletts, Kräuterbutter	krampflösend bei Magen- und Menstruationsbeschwerden	Tee-Aufguss, Badezusatz, Kräuterkissen gegen Motten und Insekten
Beifuß	ätherische Öle (Cineol), Bitterstoffe, Inulin, Gerbstoffe, Harz	herb-würzig, etwas bitter	Braten, fettes Fleisch	macht schwere Speisen leichter verdaulich, appetitanregend, krampfstillend	Tee-Aufguss
Bergbohnenkraut	ätherische Öle, Gerbstoffe	kräftig-würzig, leicht pfeffrig	Bohnen, Eintopf, Fleisch, Kartoffelgerichte	entkrampfend im Magen-Darm-Bereich	Tee-Aufguss
Eberraute	ätherische Öle, Gerb- und Bitterstoffe, Alkaloide	herber Zitronenduft, sehr aromatisch	kleine Mengen zu Salaten und Soßen	appetitanregend, magenstärkend	Tee-Aufguss, Mottensträuße
Estragon	ätherische Öle (Estragol), Gerb- und Bitterstoffe	fein-würzig, ein wenig süß	Salate, Soßen, Geflügel, Fisch	appetitanregend, gut für Magen und Darm	–
Fenchel	ätherische Öle, fette Öle, Mineralstoffe	süß-würzig	Fisch, Soßen, Schweinefleisch, Suppen, Gebäck	krampflösend, lindert Blähungen	Tee-Aufguss

Fortsetzung nächste Seite ▶

89

Kurzer Kräuter-Wegweiser					
Mehrjährige Kräuter	**Wichtige Inhaltsstoffe**	**Duft und Geschmack**	**Verwendung in der Küche**	**Heilwirkung**	**Verwendung in der Hausapotheke**
Johanniskraut	ätherische Öle, Gerbstoffe, Pectin, roter Farbstoff (Hypericin)	leicht harzig	–	äußerlich: heilend bei Brandwunden und Nerven-Rheuma-Schmerzen; innerlich: nerven-beruhigend	Tee-Aufguss, rotes Johannisöl
Lavendel	ätherische Öle, Harz, Gerbstoffe, Bitterstoffe	Duft: frisch-würzig Geschmack der Blätter: herbbitter, ähnlich wie Rosmarin	aparte Würze zu Geflügel, Soßen, Fisch	nervenstärkend, erfrischend, krampf-lösend	Tee-Aufguss, Lavendel-Öl, Lavendel-Spiritus, Kräuter-kissen, Anti-Motten-Sträuße
Liebstöckel	ätherische Öle, Harz, Bitterstoffe, Zucker	kräftig-würzig, ein wenig in Richtung Sellerie	Suppen, Soßen, Eintopf	harntreibend, löst Blähungen	Tee aus getrock-neten Wurzeln
Meerrettich	Senfölglycosid, Schwefel, Vitamin C	scharf und beißend	Soßen, Fleisch, Lachs, Eier, Quark	innerlich: entwässernd; äußerlich: Umschläge gegen Rheuma	frisch geriebene Wurzeln
Melisse	ätherische Öle (Citral, Citronella), Gerbstoffe, Bitter-stoffe, Schleim	zitronenfrischer Duft und Geschmack	Salate, Soßen, Quark, Eier, Tomaten	herz- und nerven-beruhigend, krampf-lösend, fördert das Einschlafen	Tee-Aufguss, Bäder, Kräuterkissen
Monarda	ätherische Öle (Thymol)	streng-würzig in Richtung Thymian	Fruchtgetränke, Gelees, Obstsalat, Tee	verdauungsfördernd, hustenlösend	Tee-Aufguss
Oregano	ätherische Öle (Thymol), Gerb- und Bitterstoffe	thymianähnlich, kräftig-aromatisch	Fleisch, Soßen, Suppen, Eintopf, Pizza, Tomaten	nervenstärkend, krampflösend	Tee-Aufguss, Gurgelwasser
Pfefferminze	ätherische Öle (Menthol), Gerb- und Bitterstoffe	typischer, erfri-schender Pfeffer-minzgeruch, Geschmack leicht brennend, anschließend kühl	Soßen, Marinaden, Lammfleisch	krampflösend, wär-mend, wohltuend für den Magen-Darm-Bereich	Tee-Aufguss, Kräuterkissen, Pfefferminz-Öl
Pimpinelle	Gerbstoffe (Tannin), Flavone, Vitamin C	frisch, leicht säuer-lich	Salate, Soßen, Quark, Eier	blutstillend, anti-septisch	–

Kurzer Kräuter-Wegweiser

Mehrjährige Kräuter	Wichtige Inhaltsstoffe	Duft und Geschmack	Verwendung in der Küche	Heilwirkung	Verwendung in der Hausapotheke
Rosmarin	ätherische Öle (Campher), Gerb- und Bitterstoffe, Harz	Geruch: stark würzig nach Kampfer und Nadelholz Geschmack: herb-würzig, ein wenig bitter	Fleisch, Tomaten, Soßen, südländische Gemüsegerichte	kreislaufanregend, nerverkräftigend	Tee-Aufguss, Kräuterkissen, Bäder
Salbei	ätherische Öle (u. a. Campher, Thujon), Gerb- und Bitterstoffe, Saponine	kräftig-würziges Aroma, etwas streng und kampferartig	Fleisch, Soßen, Ragout, Schinken, Käse, Aal	antiseptisch, entzündungshemmend, zusammenziehend; heilsam bei Halsschmerzen, Zahnfleischbluten und Nachtschweiß	Tee-Aufguss, Gurgelwasser
Sauerampfer	Oxalsäure, Salze, Gerbstoffe, Vitamin C	frisch säuerlich	Salate, Soßen, Quark	blutreinigende Frühjahrskur zusammen mit Kresse und Brennnessel	–
Schnittlauch	ätherische Öle, Vitamin C, Mineralstoffe	kräftig-würzig, ein wenig scharf wie Zwiebeln	Salate, Tomaten, Quark, Eier, Soßen, Omeletts	appetitanregend, gut für Magen und Darm, blutbildend	–
Thymian	ätherische Öle (Thymol), Harz, Gerb- und Bitterstoffe	kräftig-würzig, etwas herb	Fleisch, Eintopf, Soßen, Kartoffelgerichte	desinfizierend, antiseptisch, krampflösend; gut gegen Husten	Tee-Aufguss, Bäder, Kräuterkissen
Weinraute	ätherische Öle, Flavonglycosid, Rutin, Alkaloide	eigenartig würzig, bitterscharf	kleine Mengen zu Salaten, Soßen, Hammelfleisch, Käse	Heilwirkung, krampflösend, leicht beruhigend	früher gegen Kopf- und Augenschmerzen; in großen Mengen ist Weinraute giftig
Wermut	ätherische Öle (Thujon, blaues Azulen), Bitterstoffe (Absinthin), Flavone, Gerbstoffe, Vitamin C und B_6	bitter-aromatisch	fettes Fleisch, Wild, Eintöpfe	macht schwere Speisen leichter verdaulich, gut bei Magenbeschwerden	Tee-Aufguss
Ysop	ätherische Öle, Gerb- und Bitterstoffe	eigenwillig, würzig, ein wenig minzeartig	kleine Mengen zu Salaten und Soßen, Kräuteressig	appetitanregend, krampflösend	Tee-Aufguss

Bezugsquellen

Spezialisten für Kräuter und Duftpflanzen

Kräuterzauber
Kräuter & Duftpflanzen
Daniel Rühlemann
Auf dem Berg 166
27367 Horsted
(Riesenauswahl heimischer
und internationaler Kräuter-
Spezialitäten)
www.ruehlemanns.de

herb's
Bioland Gärtnerei
Stedinger Weg 16
27801 Nuttel
(viele Spezialitäten, großes
Minzensortiment)
www.herb-s.de

Magic Garden Seeds
Moritzstr. 1
34127 Kassel
(Heil- und Zauberpflanzen, ethno-
botanische Raritäten)
www.magic-garden-seeds.de

Kräuterey Lützel
Im stillen Winkel 5
57271 Hilchenbach-Lützel
(Bioland-Gärtnerei, große Auswahl von Küchen-, Duft- und Heilkräutern, Raritäten)
www.kraeuterey.de

Otzberg-Kräuter
Gewürz- und Duftpflanzen
Erich-Ollenhauer-Straße 87a
65187 Wiesbaden
(große Vielfalt, kontrolliert
biologischer Anbau)
www.otzberg-kraeuter.de

Blauetikett-Bornträger GmbH
Postfach 30
67591 Offstein
(Gewürz-, Heil- und Wildkräuter)
www.blauetikett.de

R. Wiedemann
Heilpflanzenanbau
73312 Geislingen-Aufhausen
(u. a. Pfefferminze-Auswahl,
Duftblattgeranien, Salbei-
Sortiment)

Reinhold Krämer
Waldstetter Gasse 4
73525 Schwäbisch Gmünd
(Saatgut von Kräuter- und
Duftpflanzen-Spezialitäten)

Syringa Versand
B. Dittrich
Postfach 11 47
78245 Hilzingen
(Spezialität: Duftpflanzen,
z. T. seltene Gewürzkräuter,
Samen und Pflanzen)
www.syringa-samen.de

Wolfhart Lau
Hof Berg-Garten
Lindenweg 17
79737 Großherrischwand
(Samen und Pflanzen von
Heil- und Wildkräutern)
www.hof-berggarten.de

Blumenschule
Rainer Engler & Sabine Friesch
Naturlandbetrieb
Augsburger Str. 62
86956 Schongau
(viele Spezialitäten, reiche
Auswahl von Minzen, Salbei
und Basilikum)
www.blumenschule.de

Dieter Gaißmayer
Staudengärtnerei
Jungviehweide 3
89257 Illertissen
(Duft- und Aromapflanzen,
Zauberkräuter, großes Minzen-
sortiment)
www.staudengaissmayer.de

Raritätengärtnerei Fam. Treml
Eckerstr. 32
93471 Arnbruck
(Kräuter, Gewürze, Duft- und Zauberpflanzen aus aller Welt, großes
Duftpelargonien-Sortiment)
www.pflanzentreml.de oder
www.kraeutertreml.de

In Österreich:
Gartenbau H. + H. Wagner
Gutendorf 36
A-8353 Kapfenstein
(sehr großes Kräuter- und Duft-
pflanzen-Sortiment mit vielen
Spezialitäten)
www.gartenbauwagner.at

In der Schweiz:
Gärtnerei Silberdistel
Ch. und U. Fotsch-Eicher
Kräuter und Heilpflanzenkulturen
CH-3855 Brienz
(großes Kräuter- und Heil-
pflanzen-Sortiment, Duftblatt-
Pelargonien, große Auswahl
Salbei, Thymian, Minzen,
Zauberkräuter)

Biologische Dünge- und Pflanzenschutzmittel

Snoek GmbH
Tannenweg 10
Mulmshorn
27356 Rotenburg (Wümme)
www.snoek-naturprodukte.de

Die Biologischen von Neudorff
W. Neudorff GmbH KG
Postfach 1209
31857 Emmerthal
www.neudorff.de

Keller GmbH & Co. KG
Biogarten und Gesundheit
Konradstr. 17
79100 Freiburg i. Br.
www.biokeller.de

Oscorna Dünger GmbH & Co.
Biologische Pflanzenpflege
Postfach 4267
89032 Ulm
www.oscorna.de

In Österreich:
IKOSAN
Ignaz Gleichenthal
Gleichenthalstr. 18
A-1233 Wien/Erlaa

Bio-Furtner
Hauptstr. 5
A-3031 Rekawinkel
www.bio-furtner.com

Bio-Terra
Johann Loidhold
Fohregg 1
A-3244 Ruprechtshofen

In der Schweiz:
Ledona AG
Postfach 262
CH-6030 Ebikon

Andermatt Biocontrol
Stahlermatten 6
CH-6146 Grossdietwil
www.biocontrol.ch

Stichwortregister

Seitenzahlen mit * verweisen auf Abbildungen, fett gesetzte Seitenzahlen sind Hauptverweise.

Bildnachweis:

Borstell 1, 2/3, 10, 11, 16ol, 16or, 220, 12, 57, 66, 73, 75u, 78, 800r, 83l, 83r,
Dittmer 8, 29, 350, 430,
Fischer G. 41, 18o,
Laux 7, 44, 47o, 58, 59o, 61u, 70o, 76, 79o, 800l, 84o,
Redeleit 6, 13, 14o, 14u, 28, 34l, 35u, 40,
Reinhard 4u, 5, 24, 15, 17, 19, 21, 23, 25, 26, 30o, 33, 34r, 36, 37, 39, 42o, 42u, 43u, 45, 47u, 51, 52, 53, 54o, 54u, 55, 56, 59u, 60o, 60u, 61o, 63, 64, 65o, 68, 69, 71, 74o, 77u, 77o, 79u, 80u, 81, 82l, 84u, 85, 86, 87,
Ruckszio 20, 32, 38, 46u, 49, 50o, 50u, 62, 65u, 75o, 82r,
Sammer 30u, 31, 46o, 48o, 67, 70u,
Seidl 68 Einkl., 72, 74u,
Stork 9, 18u, 22u, 48u

Bibliografische Information
Der Deutschen Bibliothek
Die Deutsche Bibliothek verzeichnet diese Publikation in der Deutschen Nationalbibliografie; detaillierte bibliografische Daten sind im Internet über http://dnb.ddb.de abrufbar.

3., durchgesehene Auflage

BLV Verlagsgesellschaft mbH
München Wien Zürich
80797 München

© BLV Verlagsgesellschaft mbH, München 2004

Umschlaggestaltung:
Studio Schübel, München

Umschlagfotos:
Borstell (Vorderseite oben und unten)
Ruckszio (Rückseite)

Layoutkonzept Innenteil:
Studio Schübel, München

Lektorat: Dr. Thomas Hagen
Herstellung: Hermann Maxant

Layout und DTP: Satz+Layout
Peter Fruth GmbH, München
Reproduktionen: Digital Picture
Reprotechnik GmbH, München

Druck und Bindung:
Stalling GmbH, Oldenburg

Gedruckt auf chlorfrei gebleichtem Papier

Printed in Germany ·
ISBN 3-405-16003-0

Köstliches aus eigener Ernte

Marie-Luise Kreuter
**Kräuter und Gewürze
aus dem eigenen Garten**
Anlage des Kräutergartens,
Gestaltungsbeispiele, Kräuter
und Gewürzarten in ausführlichen
Porträts: Anbau, Ernte, Aufbe-
wahrung und Verwendung.

blv garten plus
Werner Fader
Wein im Garten
Wein im eigenen Garten kulti-
vieren – als attraktive Kletter-
pflanze, aber auch zur Trauben-,
Saft- und Weingewinnung: Stand-
ortwahl, Porträts der für den Haus-
garten geeigneten Rebsorten,
Pflege, Schnitt und Erziehungs-
formen, Pflanzenschutz.

Martin Stangl
**Obst aus dem
eigenen Garten**
Basiswissen für Hobbygärtner
zum Obstanbau im eigenen
Garten und zu allen wichtigen
Obstarten – von Sortenauswahl,
Pflanzung und Düngung bis zu
Pflanzenschutz, Ernte und
Lagerung.

Eva und Valentin Fischer
**Gesundes aus dem
eigenen Garten**
Alles über die wichtigsten bio-
aktiven Inhaltsstoffe, Gesundheits-
wirkung, Pflanzenporträts mit
biologischer Anbaupraxis, Arbeits-
kalender, schonende Zubereitung
und Lagerung.

Marie-Luise Kreuter
Der Biogarten
Seit 20 Jahren das Standardwerk:
die Jubiläumsausgabe – komplett
aktualisiert, jetzt mit Arbeits-
kalender und Beilage »Pflanzen-
schutz-Kompass« zum schnellen
Bestimmen und Abwehren von
Schädlingen und Krankheiten.

blv garten plus
Siegfried Stein
Gemüse
Gemüseanbau und Mischkultur,
Anbauformen vom Hochbeet
bis zum Square-foot-gardening;
alle wichtigen Gemüsearten –
bewährte und neue: Standort,
Kultivierung, empfehlenswerte
Sorten, Ernte, Verwendung.